# Heinrich Fries

# Abschied von Gott?

Herderbücherei Band 413 · 128 Seiten

Der heute weltweit sich darstellende und gelebte Atheismus ist Resultat und Konvergenz vieler und vielfältiger geistiger Kräfte und Bewegungen. Die unter dem Titel „Abschied von Gott?" ausgewählten Texte versuchen, eine repräsentative Vorstellung zu vermitteln, von welchen – sehr differenzierten – Motiven der Atheismus getragen und in wessen Namen er proklamiert wird.
Auf die umfassenden Herausforderungen des Glaubens an Gott sucht der Verfasser eine Antwort zu geben, indem er zunächst die dargebotenen Texte nach ihren Motiven und Zusammenhängen analysiert und interpretiert. Damit wird es vermieden, sich die Antwort auf die Probleme des Atheismus zu leicht zu machen. Eine weitere Antwort wird dadurch zu geben versucht, daß die in den Texten aufgeworfenen Fragen nicht zugedeckt, sondern durch neue Fragen weitergeführt werden. Dadurch erhält der Glaube die oft übersehene Funktion des erweckenden und kritischen Fragens und wird vor dem ihn diskreditierenden Verdacht bewahrt, auf jede Frage eine rasche und passende Antwort zu haben und gerade damit unglaubwürdig zu werden.
Schließlich wird erwogen, ob die in den Texten ausgesprochenen Probleme, Tatsachen und Ereignisse notwendig zu den Konsequenzen führen, die der Atheismus glaubt daraus ziehen zu müssen, ob die Aussagen des christlichen Glaubens dadurch widerlegt sind und sich als indiskutable Flucht vor der Wirklichkeit oder als Wunschdenken entlarven – oder ob sie in der Lage sind, der Realität standzuhalten und darüber hinaus alle ihre Dimensionen zu erschließen.

Herderbücherei

Heinrich Fries
Peter Glockmann

# Ich sehe keinen Gott

Herderbücherei Band 469 · · 160 Seiten

In diesem Buch wird der Versuch gemacht, in einem echten Dialog die Besonderheit der naturwissenschaftlichen und der theologischen Fragestellung, Methode und Wirklichkeitserschließung kennenzulernen und an konkreten Beispielen zu illustrieren.
Die dabei zutage tretende Verschiedenheit wird indes nicht zum Konflikt oder zum sich gegenseitig ausschließenden Widerspruch, sondern führt dazu, die Berechtigung, ja Notwendigkeit der verschiedenen Wege zur Erkenntnis und Deutung der Wirklichkeit der Welt und des Menschen anzuerkennen und ausdrücklich zu bejahen.
Der naturwissenschaftliche Gesprächspartner weist der Theologie die Funktion der Navigation zu. Wenn die Theologie sich selbst diese Rolle zuschreibt, kommt sie leicht in den Verdacht der Anmaßung und Überheblichkeit. Wenn die Naturwissenschaft ihr diese Rolle zuerkennt, wird sie dankbar sein, aber gerade dabei an ihre Verantwortung erinnert, ihre Sache so glaubwürdig und überzeugend wie möglich zu vertreten.

Herderbücherei

Herderbücherei

Band 528

## Über das Buch

Die Wahrheit des christlichen Glaubens besteht vor allem in seiner Bewährung. Diese wird besonders heute gesucht. Es wird gefragt, welche Wirklichkeit dieser Glaube eröffnet, welche Fragen er stellt, welche Antworten er gibt, welche Daseinsdeutung er vermittelt, welche Zukunft er eröffnet. Es wird gefragt, was die Inhalte des Glaubens, vor allem die zentralen Wahrheiten: Menschwerdung, Kreuz und Auferstehung Jesu Christi, mit dem Menschen und seinen vielfältigen Lebenserfahrungen zu tun haben.
Von der Partnerschaft Gottes will dieses Taschenbuch sprechen, von der Wirklichkeit Gottes, der sich in Jesus Christus auf den Menschen eingelassen hat; der ihm in der Weise von Führung und Geleit nahe ist und gegenwärtig bleibt. Diese Grundgedanken werden konkret entfaltet: das Jahr entlang, an Ereignissen, an Texten und zumal im Blick auf die Situationen, die den Glauben zu widerlegen scheinen: Krankheit, Scheitern, Leid, Tod. Zugleich wird gezeigt, daß von dieser Partnerschaft Gottes eine befreiende und ermutigende Macht ausgeht, um die Möglichkeiten und Aufgaben der Kirche in der Welt von heute zu sehen und wahrzunehmen.

## Über den Autor

Heinrich Fries, 1911 in Mannheim geboren. Studien an der Universität Tübingen. 1941 Dr. theol., 1950 zum Professor für Religionsphilosophie und katholische Fundamentaltheologie an der Universität Tübingen berufen; 1958 folgte er einem Ruf an die Universität München auf den Lehrstuhl für Fundamentaltheologie. Seit 1964 ist er hier gleichzeitig Vorstand des neuerrichteten Instituts für Ökumenische Theologie.

Heinrich Fries

# Von der Partnerschaft Gottes

## Wir sind nicht allein

Herderbücherei

Originalausgabe
erstmals veröffentlicht als Herder-Taschenbuch


Herder Freiburg · Basel · Wien
Freiburger Graphische Betriebe 1975
ISBN 3-451-07528-8

# Inhalt

# I. Die Botschaft vom Licht

## *Irgendwo brennt für jeden ein Licht*

Eine der in letzter Zeit sehr häufig gekauften Schallplatten beginnt mit den Worten: „Irgendwo brennt für jeden ein Licht."

Ich könnte mir denken, daß nicht so sehr die Melodie als vielmehr der Text ein Grund für diesen Erfolg ist; der Text spricht die Menschen an, er bewegt sie, sie stimmen ihm zu. In der Zeit von *Advent und Weihnacht,* in der das Licht eine so große Rolle spielt: am Adventskranz, am Christbaum, in den Kerzen auf dem festlich geschmückten Tisch, ist es wohl angemessen, über dieses Wort ein wenig nachzudenken.

Irgendwo brennt für jeden ein Licht. Dies will wohl zunächst besagen, daß es für jeden Menschen einen Menschen gibt, der ihm das gewährt, wofür das Licht ein Sinnbild ist: Klarheit, Erleuchtung, Führung, Verstehen, vor allem aber Güte, Hilfe und Annahme. Menschen, die für den andern ein Licht sind, können sein: die Ehegatten füreinander und für ihre Kinder, die Kinder untereinander und für die Eltern; es können sein Freunde, Bekannte, Gefährten; es kann eine Gruppe, eine Gemeinschaft sein, nicht zuletzt eine Gemeinschaft von Christen, eine Gemeinde, die eine Quelle von Licht sein sollte für alle, die zu ihr gehören, und für alle, für die sie da ist.

Irgendwo brennt für jeden ein Licht, das könnte auch bedeuten: auf allen Wegen unseres Lebens gibt es ein Ziel, das uns voranleuchtet; in scheinbarer Ausweglosigkeit tut sich plötzlich und irgendwo eine Lichtung auf, die uns weitergehen läßt. Und wenn wir oft genug nicht wissen, welchen Sinn Schicksale haben können, die uns widerfahren: das Nichtgelingen eines Plans, die Zerstörung von Hoffnungen, Verlust, Unglück, Leid – auf einmal entdecken wir ein Licht, das uns Zusammenhänge sehen läßt, das die scheinbar wirren Linien zu einem Bild fügt, so daß wir im nachhinein vielleicht sagen können: Ich war verblendet, jetzt sehe ich alles in einem anderen, in einem neuen Licht. Es war gut, daß es kam, wie es kam.

Wir gehen einen Schritt weiter und fragen: Stimmt denn das alles, ist es denn wahr: irgendwo brennt für jeden ein Licht? Woher nimmt der Verfasser des Textes das Recht, dies zu behaupten? Wie ist es mit denen, die erklären: Ich habe keinen Menschen, ich habe niemand, der mich versteht, der mich annimmt; niemand liebt mich, meine besten Freunde lassen mich im Stich, meine Eltern verstoßen mich, meine Ehe geht in die Brüche, die Welt ist finster und kalt? Für diese Menschen, die Einsamen, Verstoßenen, Verlassenen, die Gequälten, brennt doch offensichtlich nirgendwo ein Licht. Müssen sie unsern Text nicht wie blanken Hohn empfinden?

Das gleiche gilt für jene, die von Schicksalsschlägen, von Leid und Unglück, vielleicht von unheilbarer Krankheit so getroffen sind, daß sie keinen Sinn und keinen Ausweg mehr finden, daß sie vergeblich nach dem Irgendwo Ausschau halten, wo ein Licht brennt, das erleuchtet, erhellt und wärmt.

Irgendwo brennt für jeden ein Licht – ist dieses Wort nicht ebensooft bestätigt wie widerlegt? Will also der, der ein solches Lied singt oder hört, nicht hinwegtäuschen über die Welt und das Leben, von dem wir keineswegs überzeugt sein können, daß irgendwo für jeden ein Licht brennt? Spricht dieses Wort nur einen Wunschtraum aus, dem keine Wirklichkeit entspricht, dem ein grausames Erwachen folgt? Gehört es nicht in die Reihe der Mittel, die man „Opium des Volkes" nennt? Oder gilt der Text nur für ein paar Privilegierte?

Wir fangen ein drittes Mal zu fragen an: Woher kommt es, daß wir uns dennoch von diesem Wort beeindrucken lassen: irgendwo brennt für jeden ein Licht, und daß wir es tun, nicht, um uns zu betäuben oder uns über die harte Wirklichkeit hinwegzulügen und dieses Wort wie eine Droge zu gebrauchen, sondern um wieder Mut zu fassen und Hoffnung zu schöpfen? Der tiefste und alles tragende Grund dafür können nicht die Menschen sein. Denn sie geben weder einzeln noch zusammen ein Recht zu behaupten: Irgendwo brennt für jeden ein Licht. Der tiefste und alles tragende Grund kann auch nicht die Summe unserer Erfahrungen sein, denn diese zeigen oft genug das Gegenteil: nämlich Schatten, Dunkel, Kälte.

Irgendwo brennt für jeden ein Licht – das kann man mit gutem

Grund und mit Recht nur behaupten, wenn man über die Menschen, die Welt und die Geschichte hinausdenkt. Aber dieses „Hinaus" meint nicht ein Wolkenkuckucksheim, sondern jene Tiefe und jenes Geheimnis, das die alles tragende und bestimmende Wirklichkeit ist, es meint jenen Grund aller Dinge und allen Lebens, den wir Gott nennen, dessen Bild und Gleichnis das Licht ist. Wir sind als geschaffene Wesen von diesem lichten Geheimnis so geprägt und bestimmt, daß davon unsere Auffassung vom Leben bestimmt ist. Dadurch ist auch die Sinngebung des Daseins gewährleistet. Nur weil wir um einen letzten Sinn wissen und diesen Sinn bejahen, und weil wir mit diesem Sinn die Vorstellung von Licht, Friede, Freude, Gerechtigkeit und Güte verbinden, haben wir auch einen Maßstab für das, was sinnwidrig oder sinnlos ist; nur deshalb wehren wir uns gegen alle Formen der Finsternis, der Gewalt und Ungerechtigkeit; nur deshalb glauben wir an das Licht, nur deshalb haben wir Mut zum Leben, zum immer neuen Anfang, wir haben Mut zur Zukunft. Man kann diese Erfahrung in einem Symbol aus der Mathematik ausdrücken: Vor die Klammer unseres Lebens ist nicht das Minus-, sondern das Plus-Zeichen gesetzt. Alle Inhalte in der Klammer – auch die Minusposten – sind durch dieses Plus-Zeichen bestimmt, sie werden zwar nicht beseitigt, aber sie bekommen einen neuen Stellenwert und Zusammenhang, sie sind damit der Finsternis der Sinnlosigkeit entrissen.

Zu sagen: Irgendwo brennt für jeden ein Licht, das kann man im Ernst also nur annehmen, wenn man glaubend von Gott überzeugt ist, von dem es heißt, er sei Licht, das heißt Sinn gebende, Hoffnung spendende, Mut machende Wirklichkeit. Dieser Hinweis auf Gott gilt, auch wenn jene, die das Lied singen oder hören, diesen Zusammenhang nicht sehen oder anerkennen und nicht von ihm sprechen. Aber im Grund leben sie davon. Daß für jeden irgendwo ein Licht brennt, das kann man nur sagen im Blick auf Gott, dessen Licht überall ist

Menschen können für andere Menschen deshalb Licht sein, weil sie als Geschöpfe Gottes teilhaben können an seinem Licht, weil sie „Licht vom Lichte" sind. Die Menschen sollten diese Möglichkeit und Aufgabe wahrnehmen, denn Gott braucht Menschen als Träger seines Lichtes. Auch hier trifft der Satz zu: Gott hat keine anderen Hände als die deinen. Aber auch wenn Menschen ihre Funktion verfehlen, irgendwo leuchtendes und wärmendes Licht für jemand zu sein – das Licht der Liebe Gottes wird deshalb nicht ausgelöscht: durch keine Nacht, durch keinen Sturm, durch keine menschliche Verlassenheit, durch keinen Tod. Weil Gott der immer Gegenwärtige ist, auch wenn Menschen es versäumen oder sich weigern, ihn gegenwärtig zu machen, deshalb und nur deshalb brennt irgendwo für jeden ein Licht.

Es ist Aufgabe und Auftrag der Christen, diese Zusammenhänge zu sehen und ihnen den rechten Namen zu geben. Damit geben die Christen zu erkennen, daß die Botschaft des Evangeliums nicht am Leben vorübergeht, daß es menschliches Dasein nicht unterdrückt, sondern seine Tiefen freilegt und eine wahrhaft froh und frei machende Botschaft ist. Die Christen sollen die Botschaft vom Licht sagen und weitersagen: Irgendwo brennt für jeden ein Licht, weil Gott Licht ist. Und weil Gott immer da ist, ist sein Licht immer da. Das Licht dieses Gottes ist uns nahegekommen im Geheimnis von Weihnachten, in der Geburt Jesu Christi. Von ihm heißt es: „In ihm war das Leben, und das Leben war das Licht der Menschen" (Joh 1,4). In ihm hat das Licht Gottes einen Namen bekommen, den Namen Jesus.

So bekommt für den Christen unser Text eine deutlichere Fassung. Wir können das „Irgendwo" genauer bestimmen: in Gott, der in Jesus zu uns kam, ist das Licht für alle erschienen, Jesus ist das Licht, das jeden Menschen erleuchtet und zum Lichtträger für andere macht. Er ist das Licht der Welt, wer ihm nachfolgt, geht nicht im Dunkeln – er wird das Licht des Lebens haben (Joh 8, 12). Das ist ein Wort, von dem man leben kann.

Wir sollten, so meine ich, die Rolle übernehmen, die im Neuen Testament Johannes dem Täufer zugesprochen wurde. Es heißt von ihm: „Er selbst war nicht das Licht, aber er sollte Zeugnis ablegen von dem Licht" (Joh 1,8). Wir alle sollten und könnten das gleiche tun.

## *Wir sind nicht mehr allein*

Es gehört zu einer oft gehörten Redensart zu sagen: mit dem Christentum und mit den Kirchen gehe es langsam, aber sicher bergab und ihr Ende sei nur noch eine Frage der Zeit. Dies geschehe nicht so sehr infolge äußerer Bedrängnis und Verfolgung, sondern aus innerer Kraftlosigkeit oder aus dem mangelnden Interesse derer, die vom Christentum Abschied genommen haben. Man ist auch nicht um Beweisgründe verlegen: man verweist auf den schwindenden Gottesdienstbesuch, auf die Kirchenaustritte, auf den Rückgang der Taufen, auf die Kirchenkritik, auf die Gereiztheit, mit der man auf das reagiert, was das Etikett Kirche trägt. Als besonders instruktiven Beitrag zu diesem Thema könnte man folgendes erwähnen: Der Westdeutsche Rundfunk hatte vor einigen Wochen die Fernsehteilnehmer des dritten Programms gebeten, sie möchten mitteilen, mit welchen früheren Sendungen sie am liebsten den Heiligen Abend begehen wollten. An erster Stelle der Wunschliste stand die Aufzeichnung eines Fußballspiels. Nun – nichts gegen Fußball – aber als abendfüllendes Programm an Weihnachten?

Der Kommentar einer Münchener Zeitung hat dieses Ergebnis als „erfrischend irdisch" bezeichnet und hinzugefügt: „Der Bildschirm ist kein Besinnungslieferant, seine Botschaft hat von und aus dieser Welt zu sein."

Nun – Tatsachen wie die genannten sind nicht zu verschweigen, und es wäre töricht, sie zu vertuschen oder sie nicht ernst zu nehmen. Aber – es gibt auch andere Tatsachen – auch diese darf man nicht verschweigen, und sie ergeben vielleicht doch ein anderes Bild.

Wie ist es, um ein Beispiel zu nennen, zu erklären, daß heute noch *Weihnachten* gefeiert wird, daß die Geburt eines Kindes vor fast 2000 Jahren in einem Winkel der Erde zum Inhalt eines Festes auf der ganzen Welt wird, das die Nacht zum Tag macht? Wie ist es zu erklären, daß es trotz aller Versuche bisher noch nicht gelungen ist, dieses Fest abzuschaffen oder umzufunktionieren? Wie ist es zu erklären, daß Menschen, die behaupten, ihren Kinderglauben längst abgelegt zu haben und aufgeklärt zu sein, sich selbst widerlegen, wenn sie vom Heiligen Abend sprechen, wenn sie einen Christbaum schmücken, wenn sie die trotz allem unzerstörbaren Weihnachtslieder hören, singen oder wenigstens summen, wenn sie sich gegenseitig beschenken, wenn sie sich Freude machen, wenn sie sich vom Jubel der Kinder anrühren lassen, wenn sie Heimweh bekommen, wenn sie ihre Härte durchbrechen, wenn sie sich bemühen, gut zu sein, sich vielleicht zu versöhnen oder Frieden zu schließen.

Nun sagt man: Vieles davon ist Äußerlichkeit; vom ursprünglichen Inhalt der Weihnacht ist wenig zu spüren inmitten einer

Wohlstandsgesellschaft, die auch an Weihnachten demonstrieren will, was sie sich leisten kann, und die Weihnachten zu einer Sache des Renommees und des bloßen Konsums macht. Und man fügt hinzu: Weihnachten ist zu einer Sache des großen Geschäfts geworden: der klingenden Kassen, nicht der klingenden Glokken. Heute heißt es: Süßer die Kassen nie klingen als zu der Weihnachtszeit.

Trotzdem: man kann das alles auch anders betrachten. Auch in den Veräußerlichungen dieses Tages darf man die Außenseite eines Inneren sehen: die Spuren eines weihnachtlichen Ursprungs. Denn die Veräußerlichungen und Äußerlichkeiten und selbst das große Geschäft wären nicht möglich ohne jene heimliche Quelle der wahren Weihnacht, die in den Herzen der Menschen lebendig ist und die dort bis heute eine tiefe Spur hinterlassen hat. Deshalb sollte man auch in dem Weihnachten, wie es hier und heute begangen wird, nicht lediglich einen Ausverkauf des Christlichen sehen, gleichsam den Duft der leeren Vase, sondern – trotz allem – eine Wirkung der Botschaft von Weihnachten. Die Christen sollten diese Spur nicht schlecht machen, verurteilen oder gar auslöschen, sondern sie verdeutlichen, vertiefen und sie mit ihrem Ursprung verbinden.

Gibt es ein Recht, Weihnachten in unserer Welt und Zeit so zu sehen – also in einem christlichen Licht? Als Antwort darauf sei auf folgendes verwiesen:

Gerade an Weihnachten bemühen sich die Menschen, gut zu sein. Deshalb beschenken sie sich gegenseitig. Sie verstehen ihre Geschenke als Zeichen der Liebe, der Güte, des Wohlwollens, der Dankbarkeit. Und gerade an diesen Tagen sind die Menschen bereit, über ihren eigenen Horizont hinaus zu denken, ein Herz zu haben für die Not vor ihrer Tür und in der Welt und durch ihre Gaben zu helfen, Not zu lindern und Hoffnung zu wecken. Gerade an Weihnachten sind wir bestürzt und bekümmert über den Unfrieden, den Haß, den Terror in unserer Zeit. Gerade an Weihnachten werden die Verantwortlichen beschworen, Wege des Friedens und der Versöhnung zu suchen und sie mutig zu beschreiten.

Wenn wir fragen: warum haben wir den Wunsch, gut zu sein, zu helfen, Liebe zu üben, warum sehnen wir uns nach Frieden, dann kann man dafür keinen zwingenden logischen oder mathematischen Beweisgrund angeben. Auch der Hinweis auf die Zweckmäßigkeit für die menschliche Gemeinschaft reicht nicht hin. Der Grund für unser Gutsein und für unsere Sehnsucht nach Frieden liegt darin: wir sind dafür geschaffen von dem Gott, der die Liebe und der Friede ist und von dem die Weihnachtsbotschaft sagt: Die Güte und die Menschenfreundlichkeit Gottes ist in Jesus Christus allen Menschen erschienen (Tit 2,11).

Deshalb ist die Güte, die Freundlichkeit, die Hilfsbereitschaft, die an Weihnachten die Menschen in aller Welt erfüllt und bewegt, ohne daß daraus Schlagzeilen entstehen – das Gute bewirkt eben keine Sensation, und gute Nachrichten gelten nicht als „Nachrichten" –, eine Spur und eine Wirkung der christlichen Weihnacht, die Antwort darauf, daß die Menschen die von Gott in Jesus Christus Beschenkten sind.

Ein Zweites ist noch zu sagen: Gerade an Weihnachten sehnen sich die Menschen nach Freude. Sie möchten Freude bereiten und Freude empfangen. Auch hier stellt sich die Frage nach dem Grund: Die Menschen sind für die Freude geschaffen und können ohne sie nicht leben, und sie haben Grund zur Freude. Dieser Grund zur Freude ist uns zwar nicht vordergründig, aber letztlich in der Botschaft von Weihnachten erschlossen: „Ich verkünde euch eine große Freude: euch ist heute der Heiland, der Retter geboren" (Lk 2,10f.).

Wir können diese Tatsache noch deutlicher bestimmen: Der Grund der Freude liegt darin, daß Gott in Jesus Christus, in dem Kind in der Krippe, der Bruder aller Menschen wurde, daß Gott in Jesus Christus unser menschliches Schicksal von der Geburt bis zum Tod angenommen hat.

Daraus folgt: *Wir sind nicht mehr allein.* Es gibt keine Situation, schlechthin keine, in der Gott nicht mit uns sein könnte und zugleich so nahe, ja noch näher ist als wir uns selbst sind. Deshalb gibt es auch nichts, was uns von Gott trennen könnte. Ein solcher Gott ist kein Gott, wie ihn sich Menschen vorstellen oder erfinden. Es ist der Gott, der sich im Kind in der Krippe geoffenbart hat.

Dabei bleibt ein weiteres zu bedenken. Was ist der Mensch, daß Gott sich in dieser unauflöslichen Verbindung mit ihm eingelassen hat als Mensch unter Menschen, daß, wie Jesus sagt, an ihm getan oder nicht getan wird, was wir an Menschen tun oder nicht tun? (vgl. Mt 25,34–36). Dieses Wort Jesus ist nicht nur die unüberbietbare Form der Selbstentäußerung, es enthält zugleich einen unerhörten Anspruch: Das habt ihr *mir* getan oder nicht getan. Die Menschwerdung Gottes ist deshalb zugleich die wahre Menschwerdung des Menschen. In ihr liegt der tiefste Grund für die unantastbare Würde des Menschen und für die Heiligkeit des menschlichen Lebens. Die Botschaft und das Wunder der Weihnacht ist der tiefste Grund der menschlichen Freude.

Deshalb kann man auch umgekehrt sagen: Wo immer echte Freude ist, wo der Mensch sich selbst in Dankbarkeit annimmt, wo er bereit ist, Freude zu bereiten und zu spenden und sie dorthin zu tragen, wo sie – aus welchen Gründen – erstorben ist, dort finden wir auch eine Wirkung und eine Spur der christlichen Weihnacht.

Weil es Weihnachten gibt, „alle Jahre wieder" und alle Jahre neu, weil Güte und Freude das Leitmotiv dieses Tages sind, weil sich auch heute ungezählte Menschen in aller Welt bereit finden, Taten der Liebe zu tun und Boten des Friedens und der Freude zu sein, deshalb ist das Ereignis und die Botschaft der christlichen Weihnacht bis zur Stunde wirksam. Dem anfangs erwähnten Kommentar der Münchner Zeitung müßte man sagen: auch das sind Tatsachen, auch das ist eine Botschaft von und aus dieser Welt. Deshalb glaube ich nicht an das Ende des Christentums. Zu vielfältig sind seine Wirkungen, zu deutlich sind seine Spuren und Maßstäbe unserer Geschichte bis heute eingegraben.

Die Christen sollten nicht traurig sein, wenn außerhalb ihrer Grenzen Gutes geschieht. Denn es gibt nichts, was außerhalb des Wirkungsbereichs Christi liegt. Die Christen sollten aber alles tun, im Glauben und im Leben, daß diese Spuren nicht verwischen, daß diese Wirkungen des Christlichen nicht ausbleiben, daß es – modern gesagt – zu keiner geistigen und sittlichen Energiekrise kommt.

Dies wird dann gelingen, wenn wir den Sinn und das Geheimnis von Weihnachten, der „stillen heiligen Nacht", erkennen und bewahren, wenn wir fähig und bereit sind, auf den wahren Ursprung der Liebe und die Quelle der Freude hinzuweisen, sie im Bewußtsein der Christenheit lebendig zu erhalten und sie der Welt als ihr Kostbarstes überzeugend und glaubwürdig zu vermitteln. Der Ursprung der Liebe, die Quelle der Freude, der Grund des Friedens liegen im Geheimnis der Weihnacht: „Christ, der Retter, ist da."

## *Von der Menschwerdung des Menschen*

Vor einiger Zeit war zu lesen: Wenn Weihnachten überhaupt noch dem heutigen Menschen zumutbar und verständlich sein will, dann muß man seinen Sinn so umschreiben: Wir begehen nicht die Menschwerdung Gottes, sondern die Menschwerdung des Menschen.

Ein Satz wie dieser mag vielleicht aus der Frage geboren sein, wie dem heutigen Menschen ein alter Inhalt, ein vertrautes Fest nahegebracht und erschlossen werden kann. Aus lauter Sorge darüber geschieht es nicht selten, daß der heutige Mensch, der gar nicht so leicht zu fassen und zu umschreiben ist, zum Maßstab aller Dinge, auch des Glaubens und der Glaubensinhalte, gemacht wird. Das Ergebnis lautet dann, daß die christliche Botschaft das gleiche sagt, was auch sonst gesagt werden kann, weil das Christliche das Menschliche, weil das Menschliche das Christliche ist.

Eine solche Redeweise kann einen – christlich gesehen – recht positiven Sinn haben. Sie vermag vielleicht ein Gespür dafür zu erwecken, daß das Christliche einen ursprünglichen Bezug zum Menschen hat, also ihn etwas angeht, ihn betrifft, und zwar sowohl für das Verständnis seines Daseins und Lebenssinnes wie für die Verwirklichung seines Menschseins. Es könnte aber auch sein, daß mit der Erklärung: Weihnacht ist das Fest nicht der Menschwerdung Gottes, sondern der Menschwerdung des Menschen, eine andere Absicht verbunden ist, nämlich die, das Christliche als überflüssig zu erklären und es durch ein anderes zu ersetzen. Man behält noch den alten Namen „Weihnachten" bei – aus vielen Gründen, nicht zuletzt aus denen des Gefühls –, aber in der Sache bleibt vom Christlichen nichts zu erwähnen, weil nichts übrig, was nicht anders und sogar ohne die christlichen „Eierschalen" besser gesagt werden könnte. Deshalb lautet der neue Vorschlag: Weihnachten ist das Fest der Menschwerdung des Menschen.

*Was heißt nun aber Menschwerdung des Menschen?* Wenn man davon betont und ausführlich spricht, meint dieses Wort offenbar mehr und anderes als das, was dem äußeren Vorgang und Verlauf nach bei jeder Geburt, bei der Menschwerdung eines jeden Menschen geschieht. Dieses Ereignis wird indes jedesmal für sich und gleichsam individuell für jeden einzelnen gefeiert. Und dies mit vollem Recht. Es ist das immer neue Wunder eines neuen Menschenlebens. Das Wort von der Menschwerdung des Menschen will darüber hinaus eine Besinnung auf den Sinn der Menschwerdung anstellen, eine Reflexion auf die Frage: Was ist der Mensch? Menschwerdung des Menschen kann deshalb offenbar nicht nur die Feststellung eines natürlich gegebenen Vorgangs meinen, sondern umschließt – je nachdem – eine Freilegung, eine Aufgabe, einen Weg oder ein Ziel, ein eben nicht Selbstverständliches.

Wie kommt man dazu, die Menschwerdung des Menschen mit *Weihnachten* zu verknüpfen, also mit dem Ereignis der Geburt Christi? Ist das Zufall, ist es Tradition, ist es Gewohnheit? Könnte man statt dessen ein anderes Fest oder Ereignis dafür einsetzen? Könnte man hier beliebig verfahren? Oder besteht ein innerer Zusammenhang, der von denen, die von der Menschwerdung des Menschen reden, oft nicht bedacht ist? Es könnte sein, daß mit dem Satz von der Menschwerdung des Menschen, die an Weihnachten zu begehen ist, ungewollt, aber tatsächlich eine ähnliche, auf Christus bezogene Wahrheit ausgesprochen wird wie in dem Wort von der Zeitenwende. Wir kommen der Sache näher, wenn wir die alte und stets neu zu fragende Frage stellen: *Was ist der Mensch*, dessen Menschwerdung zu feiern ist?

Ist er – ich greife ein paar bekannte Formulierungen heraus – das noch nicht endgültig festgestellte Tier, ist er das biologische Mängelwesen, das, um die Mängel an Instinktsicherheit auszugleichen, Intelligenz hat und sie in der Technik anwendet? Oder ist er das Wesen mit Subjektivität und Persongestalt, mit Vernunft und Freiheit, die Frage und Entscheidung einschließt, der in seinen Fragen zu allem grenzenlos offen ist und der wiederum als Fragender zugleich mit seinem Wissen hinter den Möglichkeiten der Frage zurückbleibt? Ist der Mensch, der ungefragt geboren wird und ungefragt stirbt, nicht einer, über den von woanders her verfügt ist? Einer, der sich einem anderen verdankt, in dem er gründet, auf den er verwiesen ist, auf den hin er unterwegs ist in der Frage seines Geistes, in der Unruhe seines Herzens, in der Sprache und in der Liebe seiner Begegnungen? Der Mensch ist ungleich mehr als die Summe seiner Eigenschaften und Funktionen.

Dieses Mehr liegt darin, daß er auf den geheimnisvollen Grund verwiesen ist, auf den sein Geist, sein Gewissen, seine Existenz angelegt sind, seine Größe und Grenze, seine Würde und sein Elend.

Der Mensch kann nun dieses sein Menschsein annehmen, er kann existieren in der wachen Bereitschaft und Offenheit zu sich selbst, in der er sich ständig transzendiert zu jener Tiefe, die wir Gott nennen. Je mehr der Mensch bei sich selbst ist, desto mehr ist er bei Gott. Und je mehr er bei Gott ist, desto mehr ist er bei sich selbst, desto mehr ereignet sich die Menschwerdung des Menschen.

Die Menschwerdung des Menschen bedeutet deshalb eine *Aufgabe,* weil der Mensch in Geist und Freiheit diese absolute Bestimmung annehmen, bejahen und sich zu eigen machen kann und soll. Der Mensch kann sich aber auch verweigern, er kann sich sträuben, sich als den anzunehmen, der in Gott gründet und ständig auf ihn hin unterwegs ist. Der Mensch kann sich in sich selbst verschließen, er kann sich zu dem erklären, der selbst über alles verfügt, der selbst alles macht, der nichts und niemand außer sich anerkennt.

An Weihnachten, da wir der Geburt Christi gedenken, gedenken wir der Menschwerdung des Menschen, weil in Jesus Christus diese Menschwerdung geglückt ist und sich unüberbietbar und einmalig ereignet hat. Jesus Christus ist am radikalsten Mensch, weil in ihm die Dimensionen gegeben und erfüllt sind, die zum Menschen gehören, weil in ihm die Behinderungen, die Grenzen, das Versagen, die Weigerung aufgehoben sind, die es einem jeden von uns immer wieder erschweren, zu werden, was wir sind.

Das in Jesus ereignete restlose Offensein für Gott, die uneingeschränkte Auslieferung an ihn gründet in einem *Geheimnis der Person Jesu,* das ihr allein vorbehalten ist. Man kann dies nicht anders aussprechen als in dem Satz von der Menschwerdung Gottes. Diese ist aber nicht der Gegensatz der Menschwerdung des Menschen, sondern deren Voraussetzung und Bedingung. Das ewige unaussprechliche Geheimnis, in dem wir alle gründen, das ewige Wort, das unsere fragenden Worte suchen, das wir Gott nennen, ist in Jesus von Nazareth Mensch, Person geworden.

Gott ist geworden, was er geschaffen hat: ein Mensch.

Diese Menschwerdung des Menschen feiern und begehen wir an Weihnachten, sie ist möglich und Ereignis, weil es die Menschwerdung Gottes ist. Das bedeutet – so versuchen es die Theologie und das Dogma der Kirche zu formulieren: Christus vereinigt in dem Einheitsgrund seiner Person die göttliche und menschliche Natur, er ist der Gottmensch, „wahrer Mensch und wahrer Gott". Aber dieser Christus ist am radikalsten Mensch, seine Menschheit ist die selbstmächtigste und freieste, nicht obwohl, sondern weil sie als Selbstentäußerung Gottes gesetzt ist. Eben deshalb ist Weihnachten die Menschwerdung des Menschen, weil die Menschwerdung Gottes. Sie ist geschehen, damit der Mensch sein wahres Selbst und seine eigentliche Würde, die eine gottgeschenkte Würde ist, vor Augen habe, damit er sein Menschsein annehme, damit er werde, was er ist.

Die in Christus geschehene Menschwerdung des Menschen ist indes nicht nur ein Bild, auf das wir schauen, das wir bestaunen, vielleicht in dem traurigen Gefühl, es nie erreichen zu können; von Jesus Christus geht ein Licht aus, das uns den Weg erhellt, und eine Kraft, die hilft, ihn zu gehen.

## *Gottes Leidenschaft für den Menschen*

„Alle Jahre kam das Kind in der Krippe, aber die Toten wurden nicht lebendig davon, und keine Träne blieb ungeschehen, die geweint worden war." Dieser Satz steht in einem vor Jahren viel gelesenen Roman von Ernst Wiechert. Ich glaube zwar nicht, daß dieses Buch heute noch sehr beachtet wird und daß diese Sätze ein getreues Spiegelbild unserer jetzigen Situation sind. Aber die hier zum Ausdruck gebrachte Stimmung ist zweifellos auch heute, wenngleich unter anderen Etiketten, gegenwärtig: die Erinnerung an das Kind in der Krippe, den „holden Knaben im lockigen Haar", und die Enttäuschung, ja Bestürzung darüber, daß im Grunde dadurch nichts anders geworden ist, im Leben und in der Welt. Nirgends wird diese These nachdrücklicher und eindringlicher bestätigt als angesichts des Todes, der Toten und der Tränen, jener Urphänomene, die unsere Ohnmacht, unsere Grenze, das Verfügtsein über uns demonstrieren.

Diese Situation wird im Grunde nur modifiziert, wenn wir heute statt von Tod und Tränen, was vielleicht ein wenig „rührselig" klingt, von Angst, Flucht, Daseinsekel, von Verzweiflung oder Sinnlosigkeit sprechen, um sie gegen die Botschaft von Weihnachten auszuspielen. Der schmerzliche Gegensatz der weihnachtlichen „Lieblichkeit" und der ganz anders gearteten „brutalen" Realität soll so deutlich wie möglich artikuliert werden: so daß dadurch das christliche Verständnis dieses Tages nicht nur unglaubwürdig gemacht, sondern beschämt und ad absurdum geführt wird. In einer solchen Perspektive rückt Weihnachten eigentlich in den Bereich des Unzumutbaren, des Täuschenden; es übt eine ähnliche Wirkung aus wie Narkotika und Opiate, die eine vorübergehende Euphorie verschaffen, um ein um so böseres Erwachen zur Folge zu haben.

Ist – so muß gefragt werden – die Botschaft der Weihnacht von dieser Art, und kann sich Weihnachten nur deshalb halten, weil der Mensch auf solche Opiate nicht verzichten kann und will oder weil er rückfällig wird, weil er trotz aller Ernüchterung doch wieder vielmehr gerade deshalb sich mit Sentimentalitäten tröstet?

Wenn dem so wäre, dann müßte man um des Menschen willen, der Redlichkeit und des Anstandes wegen, alles daransetzen, um die Bedingungen abzuschaffen, die einen solchen falschen und faulen Zauber ermöglichen oder gar herbeiführen.

Welche Antwort auf diese Fragen kann derjenige geben, der an die christliche Botschaft von Weihnachten glaubt?

Zunächst: Schon der Satz: „Alle Jahre kam das Kind in der Krippe", stimmt nicht. Das Kind kam und kommt nicht alle Jahre, sondern alle Jahre wird das einmalige und ein für allemal geschehene Gekommensein des Kindes begangen, „erinnert" und gefeiert. Das ist ein Unterschied.

Vor allem aber: die Botschaft von Weihnachten sagt genau das Gegenteil von dem, was der Satz des Romans von Ernst Wiechert daraus macht. Es wird nicht beansprucht oder verheißen, daß es durch das Kommen und Gekommensein des Kindes in der Krippe keinen Tod und keine Tränen mehr gebe, es wird vielmehr gesagt: Das Kind in der Krippe ist durch seine Geburt gerade in jenen Bereich eingetreten, zu dem Tod und Tränen gehören, es hat Menschenleben und Menschenschicksal unverkürzt und unverfälscht sich zu eigen gemacht. Und wenn diesem Wort hinzugefügt wird: Gott ist im Kind von Bethlehem Mensch, Gott ist ein Kind geworden, dann ist darin zum Ausdruck gebracht, daß das menschliche Dasein uneingeschränkt und vorbehaltlos von Gott als sein frei erwähltes Geschick übernommen wurde.

Weihnachten ist deshalb nicht der Tag, wo ein falscher Glanz über die Welt gelegt wird, Weihnachten ist die ständige Vergegenwärtigung der Tatsache, daß die Welt und die Menschen von Gott ganz ernst genommen, bejaht und geliebt sind. In Jesus Christus hat Gott seine *Leidenschaft zum Menschen* als seinem

Bild und Gleichnis, als seinem Partner, bis zur äußersten Möglichkeit verwirklicht und zugleich unwiderruflich gemacht. Er hat die Redlichkeit dieser liebenden Annahme dadurch unter Beweis gestellt, daß er gerade sich nicht vom Menschlichen dispensierte, daß er nichts Menschliches ausließ – weder die Geburt noch den Tod.

Gott spielt in Jesus Christus nicht die Rolle eines Menschen, er vermummt sich nicht in einer menschlichen Maske, um darunter und dahinter etwas ganz anderes zu sein. Er entäußert sich in die volle menschliche Konkretheit, in ein genau definiertes Hier und Jetzt, in den Raum Palästinas, in die Zeit des Kaisers Augustus, in einen bestimmten Horizont der Geschichte und ihrer Kultur. Wenn aber dem so ist, dann bedeutet es, daß in dem Geheimnis der Menschwerdung Gottes das Geheimnis des Menschen ausgesagt ist, daß auf niemand so wie auf Jesus Christus das Wort zutrifft: Ecce homo. Warum Gott sich für diesen Weg entschieden hat, bleibt ihm allein vorbehalten. Diese Vorbehaltenheit ist indes in einem Wort des Neuen Testaments eröffnet: „So sehr hat Gott die Welt geliebt, daß er seinen einziggeborenen Sohn für sie dahingab“ (Joh 3,16).

Aus alledem folgt zunächst, daß sich durch das Kommen des Kindes in der Krippe der äußere Weltzustand nicht gewandelt hat, sondern daß er bestätigt wurde. Wenn jedoch Gott die Menschennatur zu seiner eigenen Natur gemacht hat, wenn der Mensch dadurch von Gott geliebt und unwiderruflich bejaht ist, dann ist durch diese Entscheidung Gottes im „Grunde“ doch alles anders geworden. Denn es ist in Jesus Christus, von dem die Bibel sagt, alles sei durch ihn und auf ihn hin erschaffen und alles habe in ihm Bestand (Kol 1,16), durch den die Welt und den Menschen tragenden Grund angenommen. Mensch und Welt sind jedoch dadurch sich nicht entfremdet, sie werden erst eigentlich zu sich selbst gebracht.

Weil der Mensch in dieser Weise von Gott geliebt ist, hat er Recht und Pflicht, sich selbst anzunehmen. Infolge der gleichen Tat Gottes ist der Mensch darüber hinaus an alle Menschen verwiesen und mit ihnen in einer Liebe verbunden, die allem menschlichen Lieben schon vorausliegt. Die Schatten des Daseins, Tod und Tränen, verbleiben in der Welt und mit ihnen die vielfältigen Weisen des Scheiterns und der Grenzsituationen. Sie werden durch das Kind in der Krippe, das sein Leben am Kreuz beschließt, als menschliches Schicksal proklamiert und verdeutlicht. Aber weil Gott das Menschliche uneingeschränkt erwählte, wird dessen tiefstes Geheimnis eröffnet und das Herz aller Dinge und Daseinsgestalten freigelegt:

Krippe, Kreuz, Leid, Armut, Verlassenheit und Tod sind erlöst von der niederdrückenden Ausweglosigkeit und von der Verzweiflung schaffenden Sinnlosigkeit, sie werden zu offenen Möglichkeiten, Gott zu begegnen. Nirgends wird dies so deutlich als im Tod, den Jesus Christus in seiner äußersten Unerbittlichkeit und Verlassenheit übernahm und dessen Dunkel er in der Auferstehung von den Toten aufbrach zu einem neuen, unvergänglichen, ewigen Leben, in dem der Tod endgültig überwunden ist.

Dieses Neue ist im Kommen des Kindes angesagt und grundgelegt. Die hier proklamierte Zukunft hat in der durch die Ankunft des Kindes eröffneten Zeit bereits begonnen; sie ist die durch nichts einholbare oder ersetzbare Zukunft der Welt. Diese Ankunft kommt uns zugute, weil die Menschheit mit Jesus Christus, der nicht einer von vielen, sondern der einzige ist, in einer einzigartigen Beziehung des Wesens und der Existenz steht: in der Beziehung des Anfangs, in der Weise des „Seins in Christus" und der dadurch ermöglichten Brüderlichkeit, in der Form der durch ihn in Wort, Glaube und Sakrament gewährten „Gleichzeitigkeit" mit ihm, durch das von ihm für uns vollbrachte Werk, das das Weihnachtsevangelium in die Worte faßt: „Ehre Gott in der Höhe, auf Erden Friede den Menschen (Luk 2,14).

### *Gott hat sich entschieden für diese unsere Erde*

Wenn wir am *Fest der Erscheinung des Herrn* eine Umfrage halten wollten, was heute für ein Feiertag sei, dann würden wohl sehr viele, vielleicht sogar die meisten Befragten antworten – wenn sie überhaupt antworten –: Heute ist Dreikönigstag. So steht es im Kalender und in der Zeitung. Wenn wir jedoch auf die Texte der Liturgie hören, die Inhalt und Sinn eines Festtages zur Aussage haben, dann ist ganz klar, daß heute kein Heiligenfest ist, sondern ein Fest des Herrn. Nirgendwo ist die Rede von Königen, nirgendwo ist die Rede davon, daß es drei waren. Die Dreizahl kommt von den drei Geschenken: Gold, Weihrauch und Myrrhe, und weil man sagt, das seien königliche Gaben, wurden die Bringer dieser Gaben Könige genannt. Das Evangelium ist dem gegenüber viel nüchterner. Es berichtet von Magiern, von Sternkundigen, wahrscheinlich aus Babylon – man könnte nach heutigen Maßstäben vielleicht von Astrologen sprechen, ohne daß dadurch die Astrologie heiliggesprochen wäre –, die, durch einen Stern aufmerksam gemacht, sich auf die Reise begeben und nach dem neugeborenen König der Juden fragen und ihm ihre Geschenke darbringen.

Es ist nichts dagegen zu sagen, daß christliches Denken und Lieben diese Szene schön und prächtig ausgestaltet haben. Aber diese Ausstattung darf zu keiner Idylle werden, sie darf vor allem die eigentliche Botschaft dieses Tages nicht verdecken. Diese Botschaft ist in erster Linie eine Botschaft von Jesus Christus, von seiner Epiphanie, d. h. von seinem Einzug in die Welt und Geschichte, von seiner Ankunft, Anwesenheit und Gegenwart unter uns, nicht zuletzt von seinem Schicksal. Wenn wir für den Dreikönigstag einen besonderen Akzent setzen, so liegt er vielleicht darin, daß wir an Weihnachten vor allem die Herablassung, die Entäußerung, die Demut Gottes liebend begehen: Gott ist ein Kind geworden, und daß wir heute an Epiphanie bekennen: dieses Kind ist der Herr, der wahre Gottessohn. Aber eben diese beiden Sätze wollen in ihrer Weise das ganze und unerschöpfliche Geheimnis der Menschwerdung Gottes umschreiben, die Niedrigkeit und Erhabenheit in einem ist. Darüber hinaus legt der Tag besonderes Gewicht auf die Tatsache, daß Gott in Christus für alle Menschen, biblisch gesagt, für Juden und Heiden, erschienen ist. Die Vertreter dieser weiten Welt sind eben die Magier aus dem Osten.

Was wir an Weihnachten und Epiphanie begehen, kann nach christlichem Glauben und Verstehen mit nichts sonst verglichen werden. Es ist ein einmaliges Ereignis in der Welt und in der Geschichte, es ist ihre Mitte und unübersteigbare Höhe. Die Offenbarung Gottes in diesem Christus, da Gott nicht irgend etwas mitteilt, sondern selbst in Person erscheint, in der er seine innerste Gesinnung offenbart, ist einzigartig. Sie überstrahlt und überbietet die Möglichkeiten des Menschen schlechthin, auch und vor allem dessen religiöse Möglichkeiten, also die Religion, die sich in den Religionen auslegt. Dieser Anspruch der christlichen Offenbarung, den wir an einem Tag wie diesem begehen, ist ebenso universal wie exklusiv.

Aber gerade dagegen erhebt der Mensch von heute Einspruch.

Er kann nicht glauben, daß in einer Welt, deren Pluralität auch im Religiösen ihm täglich vor Augen gebracht wird, die christliche Offenbarung etwas anderes sein soll als andere Religionen, als eine Gestalt unter anderen, als eine unter vielen.

Diese Fragen sind nicht künstlich erfunden oder herbeigeholt, sie sind Fragen des heutigen Menschen, gerade des Menschen, der die Religion noch nicht abgeschrieben hat. Und es sind Fragen der heutigen Situation, wo sich wie nie zuvor die Völker und Religionen der Welt begegnen und wo der Mensch geneigt ist, sich nirgends festzulegen, sondern alles nur relativ gelten zu lassen. Nur damit – so meint er – bleibt sein Leben offen und frei.

Auf diese Fragen müßten viele Antworten gegeben werden. wir wollen indes nur eine versuchen. Ich verdanke sie einer Überlegung von Romano Guardini.

Gehen wir einen Augenblick lang vom Menschen, von uns selbst und unserer Erfahrung aus. Ist es nicht so: Der Mensch möchte gern alles und das Ganze haben, aber er muß sich auf ein Bestimmtes festlegen, er muß wählen, er muß sich entscheiden.

Das heißt: auch in der Frage nach Gott muß sich der Mensch entscheiden. Aber – wie soll das geschehen? Kann und darf der Mensch dies von sich aus tun? Und nach welchen Gesichtspunkten? Vielleicht nach Geschmack, Belieben, Willkür, Tradition, Umwelt? Bestünde nicht die Gefahr, daß dann die Frage Gott und Mensch vom Menschen allein entschieden würde und daß dabei der Mensch über Gott verfügt, also praktisch sich zum Herrn über Gott macht?

Von diesen offenen Fragen kehren wir zum Inhalt und Geheimnis unserer Festtage von Weihnachten und Epiphanie zurück. Ihr Grundgedanke heißt: *Gott hat sich entschieden*, in klarer und eindeutiger Weise, indem er Mensch geworden ist.

Gott hat sich entschieden in der Person des Jesus von Nazareth, er hat sich für diese unsere Erde entschieden und innerhalb dieser Erde, für Palästina, für Bethlehem, Nazareth und Jerusalem. Er hat sich entschieden auf die Jahre der Erdenzeit z. Z. des Kaisers Augustus und Tiberius. Und er hat es getan aus seiner reinen Freiheit, aus seiner unbegreiflichen Liebe, aus Liebe zu uns und zu unserem Heil. Dem Menschen aber ist es aufgetragen, sich zu entscheiden für den Gott, der solches tut, für den lebendigen Gott, der sich in Jesus Christus entschieden hat. Den Gott der bloßen Unbegreiflichkeit, den Gott der Unbestimmtheit, den jeder sich selbst präzisieren kann, gibt es nicht. Der lebendige Gott ist derjenige, der sich in den Patriarchen und den Propheten bekundet hat, der im Volk Israel und seiner Geschichte in Wort und Tat, in Wille und Verheißung gehandelt hat und der endgültig und unüberholbar in Jesus Christus erschienen ist, der in ihm uns und die Welt anruft, daß sie sich ihm gegenüber entscheiden sollen.

Die Epiphanie Gottes in Jesus Christus steht, so gesehen, nicht beziehungslos zur vor- und außerchristlichen Welt und zur Geschichte, sondern sie ist ihr innerlich zugeordnet, weil sie ihr zugesprochen ist: als Erfüllung der Epiphanie Gottes, der sich in Welt und Geschichte und Menschenwirklichkeit geoffenbart hat, der diese aufnimmt und vollendet in die endgültige Offenbarung in seinem Sohn. Es ist der gleiche den Menschen anrufende und des Menschen Heil wirkende Gott, der in Schöpfung und Erlösung am Werke ist. Alle Taten Gottes sind Taten für den Menschen, der von Wesen und Existenz her Geschöpf ist, Hörer des Wortes Gottes, Adressat seiner Liebe, Empfänger seines Heils. Die Epiphanie Gottes hat eine innere Dynamik, die sich in der Christus-Epiphanie vollendet.

Die Christen sollen an einem Tag wie diesem von dieser frohen Botschaft dankbar und demütig Zeugnis geben. Sie sollen es tun in der offenen, bejahenden und zuversichtlichen Begegnung mit allen Menschen, die nicht abstößt, nicht ausschließt und verdammt, sondern erlöst und befreit, hilft und dient.

# II. Das Wort vom Kreuz

## *Vom Kreuz*

Wir haben uns an das Kreuz gewöhnt. Wenn wir ein Kreuz sehen, finden wir es weder fremd noch aufregend, noch verwirrend. Wir finden die Kreuzesform schön, harmonisch, stilvoll. Das Kreuz ist ein Schmuck, ein Talisman geworden. Was aber ist das Kreuz wirklich? Wie wurde es im Anfang und ursprünglich erfahren und empfunden? Das Kreuz war das Zeichen einer Todesart: der Kreuzigung, der schimpflichsten und der grausamsten, die in der Antike bekannt war. Wer den Kreuzestod starb, war verflucht, entehrt, ausgeschlossen, abgeschrieben.

Können wir uns vorstellen, wie die Verkündigung vom Kreuz und Kreuzestod, wie die Botschaft von einem Gekreuzigten wirken mußte, vor allem, wenn, wie es bei Jesus Christus geschah, die Tatsache und die Botschaft vom Kreuz mit Gott und einem Gottgesandten in Verbindung gebracht wurde? Sie wirkte so, wie es Paulus im ersten Korintherbrief sagt: „Wir verkünden Christus als Gekreuzigten, den Juden ein Anstoß zum Fall, ein Ärgernis, den Heiden eine Torheit“ (1. Kor 1,18–25).

Juden und Heiden haben je eine bestimmte Vorstellung von Gott.

Die Juden – damit sind nicht einfach die Menschen des Alten Testaments oder die Angehörigen des jüdischen Volkes gemeint, gemeint sind Juden, die Paulus im Auge hat als einen bestimmten, zeitgenössischen und maßgeblichen Typus, der indes nicht generalisiert werden darf – bekennen: Jahve, der Gott Israels, ist der Herr, der Allmächtige. Deshalb wird er sich primär in der Gestalt der Macht, des Sieges, der Rettung, des Gerichtes zeigen. Der Bote, den Gott sendet, vor allem der erwartete und erhoffte Messias, wird in der Gestalt der Macht und der Herrschaft kommen und so vor den Völkern glaubwürdig werden.

Wenn Jesus mit dem Anspruch auftritt, der Gottgesandte zu sein, messianische Taten zu vollbringen, und wenn er den Tod am Kreuz stirbt, verlassen, verachtet, verstoßen, dann ist er im Horizont solcher Vorstellungen damit schon widerlegt und unglaubwürdig geworden. Dann kann er nicht von Gott gesandt sein. Ein Messias am Kreuz ist deshalb den Juden ein Ärgernis, eine Gotteslästerung: unvereinbar mit der Macht und der Ehre Gottes. Der Tod und das Kreuz sind der Ort der Gottesferne und der Abwesenheit Gottes, Zeichen seines Zornes, seines Fluches und Gerichts.

Die Heiden – Paulus meint damit im Korintherbrief vor allem die „aufgeklärten" Griechen – stellen sich Gott als Weltvernunft, als Harmonie dar. Deshalb kann Gott nur in der Gestalt der Weisheit, der Schönheit und der Vollendung sich zeigen. Leiden, Angst, Schmerz und Tod, gar der Sklaven- und Verbrechertod am Kreuz, sind für die Griechen ein vollendeter Unsinn, eine indiskutable Geschmacksverirrung. Die Verkündigung von einem Gottgesandten als einem Gekreuzigten ist nach diesen Maßstäben eine Beleidigung im Namen Gottes, dessen Zeichen die Vollkommenheit und die Freude ist, sie ist eine Torheit im Namen des Gottes, der Vernunft und Harmonie ist.

Und genau diese Verkündigung, die Verkündigung von Christus dem Gekreuzigten ist die Botschaft, die Paulus den Korinthern zumutet. Sie ist die Botschaft des christlichen Glaubens. Sie ist mit keiner Religion zu verwechseln, sie unterscheidet Christen von Juden und Griechen.

Es wäre gut, wenn wir uns immer wieder dieser Zumutung aussetzen würden, wenn wir vom Kreuz nicht als von einer Selbstverständlichkeit redeten, sondern von einer Tatsache, die auch uns wie Ärgernis und Torheit erscheinen muß. Denn der Jude und der Heide und deren Vorstellungen von Gott sind in uns selbst. Wir machen uns unser Bild, wie Gott sein soll, wie er sich zeigen muß, wie er uns begegnen darf, wie er in der Geschichte zu wirken hat. Und wenn nicht eintrifft, was wir erwarten, dann rufen wir: Skandal und Torheit. Wir wollen nicht, daß Gott anders sei, anders handle, als wir uns vorstellen und wünschen.

Aber Paulus bleibt bei dieser Aussage und fast unerträglichen Spannung nicht stehen. Er nimmt den Gedanken der Macht und der Weisheit auf und erklärt: „Die Torheit Gottes – die Torheit des Kreuzes – ist weiser als die Menschen, das Schwache Gottes

– die Schwachheit des Kreuzes – ist stärker als die Menschen" (1. Kor 1,25).

Das heißt also: Gott ist und bleibt der Allmächtige. Aber diese Macht offenbart sich ganz anders, als Menschen es sich denken: Sie äußert sich in der Macht der Hingabe, in der Macht der Liebe, deren Zeichen ebenfalls das Kreuz ist. Sie zeigt sich vor allem darin, daß die Menschen durch das Kreuz Christi Rettung und Heil gewinnen, daß Schuld vergeben wird, daß sie Frieden mit Gott haben, daß sie in der Liebe Gottes selbst gut sein können, daß sie die Kraft der Vergebung und Versöhnung erlangen, daß sie die Liebe in der Welt aufrichten dürfen, die stärker ist als Haß und Gewalt, daß sie Friedensbringer sind, daß sie sich gegen das Unrecht und das Böse in aller Form engagieren. Die Macht Gottes am Kreuz zeigt sich endlich in der Überwindung des Todes. Daraus folgt: Es gibt keinen Ort und keinen Zustand, der Gott entzogen wäre. Er ist in Jesus dem Gekreuzigten in alle Abgründe des Lebens und Sterbens eingegangen. Er hat sie an sein Herz genommen und damit überwunden.

Und Gottes Weisheit zeigt sich in der vermeintlichen Torheit des Kreuzes. Sie zeigt sich darin, daß auch dem scheinbar Sinnlosen und Unverständlichen ein Sinn innewohnt, daß ihm Hoffnung und Rettung gegeben ist. Im Kreuz und im Tod ist Gott nicht fern und abwesend, sondern nahe und gegenwärtig. Der Tod ist für Gott keine Grenze. Deshalb kann das Sterben für den Menschen eine Tat werden, in dem er sich ganz und ohne Vorbehalt Gott anheimzugeben vermag. Das Kreuz in der Hand der Sterbenden, das Kreuz auf unseren Gräbern ist ein eindrucksvolles Zeichen dieses Glaubens und dieser Hoffnung.

Die Bestätigung aber, daß Gottes Schwachheit stärker ist als die Menschen, daß Gottes Torheit weiser ist als die Weisheit der Menschen, ist jenes Ereignis, in dem das Kreuz Jesu endet: die Auferweckung von den Toten. In ihr wird ein neuer Anfang der menschlichen Geschichte gesetzt, in ihr wird Hoffnung entzündet und Sinn gestiftet. Im gleichen Brief an die Korinther sagt Paulus: „Ist Christus nicht auferstanden, dann ist unsere Verkündigung nichtig und nichtig euer Glaube" (1. Kor 15,14). Die Christen wären betrogene Betrüger und die bejammernswertesten aller Menschen. „Nun aber ist Christus auferstanden, der Erstgeborene der Entschlafenen" (1. Kor 15,20). Wer mit Christus stirbt, wird mit ihm auferstehen.

Aus diesen Überlegungen ergibt sich folgendes:

Als Gemeinschaft der Glaubenden sollen wir uns vom Geheimnis des Kreuzes Christi, von seiner Torheit und Weisheit, von seiner Stärke und Schwachheit immer neu bestimmen und orientieren lassen. Wir sollen im Kreuz das Geheimnis Gottes erkennen und daran ständig unsere Gottesvorstellungen korrigieren. Wir sollen im Glauben und Leben Christus den Gekreuzigten verkünden. Wir sollen Träger des Lichtes, des Sinnes, der Hoffnung und der Liebe sein, deren Ursprung das Kreuz ist. Wir sollen es sein in unserem eigenen Leben und in all dem, was uns dabei begegnet; wir sollen es sein für die Welt und die Menschen, die auf diese Antwort – auf dieses Zeugnis der Hoffnung – warten.

### *Was geht uns dieses Sterben an?*

Wenn ich mich nicht täusche, gehört der *Karfreitag* zu jenen wenigen Tagen, die auch heute noch von ihrem ursprünglichen Inhalt bestimmt werden: von Golgotha, vom Kreuz, vom Sterben Jesu Christi, von der Erlösung. Er prägt das Bild der Öffentlichkeit selbst noch in den Städten. Dies vermag er nicht zuletzt deshalb, weil er Christen aller Bekenntnisse vereint. Dieser Tag erinnert den, der ein Christ ist, an die Grundlagen und Ursprünge seines Christseins: an Jesus Christus, an seinen Tod, an das Kreuz, das zum Zeichen aller Christen in der ganzen Welt geworden ist.

Aber was geht *uns* dieses Sterben an?

Wir bekennen von Jesus Christus, daß er *für uns* gestorben ist. Was heißt das? In den Worten des Apostels Paulus bedeutet das: Wir sind mit Gott versöhnt, wir haben Zugang zum Vater. Der Schuldschein, der gegen uns ausgestellt war, ist zerrissen, unsere Anklageschrift ist ausgelöscht (Kol 2,14). Anders gesagt: durch den Tod Jesu Christi hat der Mensch eine *neue Existenz* vor Gott und in Gott gewonnen. Er ist nicht mehr wie in der Zeit vor Christus hoffnungslos der Macht der Sünde, des Todes und dem Schicksal des Verworfenseins, der Gottesferne, ausgeliefert – und das ist der eigentliche Tod –, er ist durch die hingebende Liebe Jesu Christi ein Neuer geworden. Der Mensch hat Heil und Frieden mit Gott gefunden. Sein Leben hat einen neuen Ursprung und eine neue Bestimmung gewonnen. Die menschliche Existenz ist anders geworden durch Jesus Christus. Nur durch ihn konnte sie anders werden, weil Christus der einzige ist, der Gottmensch, jener, in dem nicht nur Gott den Menschen, sondern der Mensch Gott hat.

Dies alles ist gemeint, wenn wir sagen: Christus ist für uns gestorben. Dieser Tat gedenken wir heute. Es ist die Liebe Gottes im Tod seines Sohnes, die uns, die die ganze Welt erlöst. Sie kommt uns zugute, wenn wir dieser Tat Gottes uns öffnen, wenn wir glauben, wenn wir uns zu Christus bekennen.

Weil das Kreuz zum Schicksal Christi wurde, bekommt es für uns einen neuen Sinn, den die Welt nicht geben kann. Wir sind nicht vom Kreuz, vom Leid, vom Tod erlöst, aber wir sind *in ihm* erlöst: die Sinnlosigkeit, die Verzweiflung, die Nacht, die unheimliche Leere, die Angst ist von uns genommen. Das Kreuz ist selig geworden, weil es geliebt wurde. Deshalb haben am Karfreitag neben der Ergriffenheit die Dankbarkeit und die Freude Raum: Ich danke dir, Herr Jesus Christ, daß du für mich gestorben bist. Deshalb ist der Lobpreis möglich: Kreuz, du einzige Hoffnung, sei gegrüßt!

So ist es zu verstehen, daß das Kreuz das Zeichen derer ist, die zu Christus gehören, daß der Christ sich im Kreuz rühmen darf, daß es für ihn zum Inbegriff seines Glaubens wird. So ist es zu verstehen, daß dieses Zeichen des Kreuzes sein Leben begleitet, daß es an seinen Wegen steht und daß es im Sterben vor die brechenden Augen gehalten wird.

So müssen wir die Erlösung, das „für uns" begreifen. Wenn wir es tun, dann verknüpfen wir damit keine törichten Hoffnungen, für die wir keine Verheißung haben. Dann werden wir auch begreifen, daß die Erlösung, das Sterben Christi für uns, durch nichts überholt werden kann, durch keinen Wandel der Zeit, durch kein anderes Ereignis der Geschichte, durch keinen Fortschritt der Technik, durch keine Politik und keine Philosophie. Immer bleibt der Mensch und in allem begegnet er sich selbst. Alle Wege, die er geht, führen ihn wieder zu sich selbst zurück. Alle Fluchtversuche, die Flucht in die Äußerlichkeit, in den Genuß, in die Zerstreuung, in die Anonymität mißlingen auf die Dauer. Sie konfrontieren den Menschen mit der Frage nach ihm selbst, nach dem Grund, dem Sinn und dem Ziel seines Lebens.

Eines muß diesen Überlegungen noch hinzugefügt werden. Wenn man Paulus gefragt hätte: „Woher weißt du, daß Jesus der Sohn Gottes ist, woher weißt du, daß dieser sein Tod die Erlösung bedeutet?", dann hätte er geantwortet: weil dieser Jesus lebt, weil er von den Toten auferstanden ist und damit den

Tod besiegt hat, weil er mir erschienen ist, weil er mich überwältigt hat. Die Auferstehung Jesu ist die Beglaubigung und der Sieg Gottes über den Tod und das Kreuz. Sie ist das Siegel unserer Erlösung. Karfreitag und Ostern gehören untrennbar zusammen. Sie sind die zentralen Ereignisse der Geschichte des Heils – sie zusammen machen die Vollgestalt des Erlösungswerkes aus. Die Realität des Karfreitags garantiert die Realität von Ostern. Die Gewißheit von Ostern erhellt die Nacht des Karfreitags und gibt dem Tod Jesu die eigentliche Deutung. Der erlöste Mensch, also der, dem nicht das Kreuz genommen wird, sondern der sein Kreuz Christus nachtragen muß und darf, hat durch die Auferstehung Jesu Christi die Gewißheit, daß er mit Christus auferstehen wird, wenn er mit ihm lebt und stirbt. Das ist die Geburtsstunde der neuen Menschheit.

## *Gelebtes Kreuz*

„Holt den Menschen vom Kreuz", das war vor einigen Jahren das Leitmotiv für die Aktion „Misereor". In diesem Appell ist das Kreuz das Symbol dessen, was nicht sein soll, was den Menschen entrechtet, unterdrückt, beleidigt, ihn seiner Würde und Menschlichkeit beraubt, was ihm die Bedingungen und Voraussetzungen verweigert oder entzieht, in Freiheit Mensch sein zu können.

In der Forderung: „Holt den Menschen vom Kreuz" ist ein Zweifaches enthalten. Zunächst dies, daß das Kreuz, von dem der Mensch geholt werden soll, ein Zeichen menschlicher Schuld ist, des Willens zur Macht über Menschen, der Unterdrückung und Ausbeutung.

„Holt den Menschen vom Kreuz" das heißt auch: der Mensch hat die Möglichkeit, diesen Zustand zu ändern durch seine Vernunft, durch sein Gewissen, durch seine Verantwortung gegenüber der Welt und den Menschen, durch seine Liebe. Das ist möglich, wenn der Mensch erkennt, daß er nicht für sich, sondern für andere da ist und erst dadurch sich selbst gewinnt. Die höchste Auszeichnung des Menschen besteht nicht in seiner Geltung, sondern in seiner Hingabe. Er kann Verhältnisse und Strukturen schaffen, die den Menschen vom Kreuz holen, an das er gefesselt oder angenagelt ist – gefesselt und angenagelt durch Menschen, die Freude am Elend der anderen haben, die die Menschen wie eine Sache und Ware benützen und sie in den Dienst ihrer Macht und ihrer Interessen stellen.

Dies geschieht, wenn der Mensch im Elend, in Ungerechtigkeit und Unwissenheit gehalten wird. Von alledem kann der Mensch den Menschen erlösen. Darum: Holt den Menschen vom Kreuz! Tut alles: im Wandel der Gesinnung, in der Weckung von Einsicht und Verantwortung, in der Änderung der Strukturen, daß der Mensch vom Kreuz geholt wird!

Kann dies nun heißen, daß durch den Menschen, durch seine Vernunft und Phantasie, durch Technik und Entwicklungshilfe, durch gezielte Pläne und Organisationsformen, das Kreuz und die Kreuze eines Tages ganz verschwunden sein werden? Oder daß kein Mensch mehr an irgendeinem Kreuz hängt und daran festgenagelt ist, am Kreuz, als Inbegriff dessen, was dem Menschen in die Quere kommt, was seinen Willen, seine Pläne, seine Erwartungen durchkreuzt, was zerbricht, was er aufgebaut hat?

Es gibt Ideologen, die dieser Meinung sind, die von einer Welt träumen, in der es keine Herren und Knechte mehr gibt, in der alle Konflikte und Schmerzen beseitigt sein werden, weil ihnen der Boden entzogen ist, etwa in der klassenlosen Gesellschaft. –

Indes: Selbst wenn dies möglich wäre: was kann eine solche Aussicht dem nützen, der jetzt am Kreuz hängt und der daran stirbt? Wird man seiner Situation gerecht, oder spricht man ihr nicht Hohn, wenn man diesen Menschen sagt: das müsse eben so sein, der Gang der Geschichte und der Entwicklung fordere es, er sei ein unentbehrliches Glied in einer Kette, oder er dürfe eine Treppe sein, die zum Tempel der Zukunft führt, seine Nachkommen werden erben, was er noch nicht zu sehen bekommt? Diese Aussicht möge ihm genug sein.

Dazu kommt noch eine andere Tatsache. Sie ist noch wichtiger, sie wirkt zugleich wie ein Widerspruch. Ich soll und muß den Menschen vom Kreuz holen, vom Kreuz, das Menschen den Menschen bereiten und von dem Kreuz, das Menschen den Menschen abnehmen können. Aber zugleich weiß ich: es gibt keine Welt, keine Geschichte und keine Zukunft ohne Kreuz.

Es gibt nicht nur das Kreuz, das ich anderen, durch meine Schuld auferlege, es gibt das Kreuz, das ohne meine Schuld oder ohne die Schuld anderer in meinem Leben steht: Wir kennen den Zwiespalt zwischen Sollen und Sein, das Ungenügen auch des besten Willens, die Vergeblichkeit aller Mühen, die Einsamkeit, das Mißverständnis, das Unglück, die Naturkatastrophen, ferner die Angst, die Verzweiflung, das Scheitern, das Wort, das ohne Antwort bleibt, die Liebe, die nicht erwidert wird, das unvollendete Werk, die Erfahrung der Sinnlosigkeit, die Krankheit, das Leiden in seinen vielen Gestalten und schließlich den Tod. Und es gibt das Kreuz, von dem uns kein Mensch holen kann. Es gibt das Kreuz, mit dem wir allein sind und allein gelassen werden: die unheilbare Krankheit, das Sterben, den Tod.

Das Kreuz wird als Gestalt des menschlichen Geschicks bleiben, so lange der Mensch bleibt. Wenn ein Kreuz abgebaut wird, wird ein neues errichtet. Immer noch und erst recht gilt auch hier: Hole den Menschen vom Kreuz, und tu alles, was du vermagst – und du vermagst mehr, als du denkst. Aber: was ist mit dem Rest, wo es keine Kreuzesabnahme, keine menschliche Hilfe gibt, wo Worte abprallen und wo das Schweigen die einzig würdige Verhaltensweise ist, wie vor dem Tod und dem Sterben?

Man kann diese Tatsachen verdrängen, und man tut genug, um das Kreuz auch in seiner nichtabschaffbaren Gestalt zu isolieren, hinter Mauern zu verstecken, in das Leben nicht einzulassen, in das Leben, das jung, schön und lachend ist. Aber heißt das nicht, den Kopf in den Sand stecken, nicht sehen und hören wollen, heißt das nicht, der Wirklichkeit aus dem Weg gehen?

Das gelebte Kreuz als Symbol des christlichen Glaubens gibt darauf eine Antwort. Sie wird noch deutlicher durch einen Vergleich mit anderen Religionen.

Diese gehen von der Vorstellung aus, daß dort, wo das Kreuz steht, als Inbegriff der Schatten des Lebens, vor allem des Unglücks, der Krankheit, des Leidens und des Todes, zugleich der Ort des Fluches, der Gottesferne, der Gottverlassenheit ist, das Gegenteil und der Widerspruch zu dem, was man sich unter Gott und dem Göttlichen denken kann. Und wenn Menschen in Not, Unglück und Leid geraten und wenn sie dabei sich an Gott erinnern, der allmächtig und gut sein soll, dann kennen sie nur *ein* Wort, das zur eindringlichen Bitte wird: Errette mich aus der Not, befreie mich von der Drangsal, nimm das Leid von mir, laß mich, laß mein Liebstes nicht sterben!

Der christliche Glaube wäre unmenschlich, wenn er für solche Bitten kein Verständnis hätte und ihnen keinen Raum gewährte. Auch Jesus bittet in der Vorahnung seines Todes: „Mein Vater, wenn es möglich ist, laß den Kelch an mir vorübergehen“ (Mt 26,39). Aber – und das ist der Unterschied – der christliche Glaube wäre nicht er selbst, wenn er nur zu dieser Bitte fähig wäre: „Laß den Kelch vorübergehen“, wenn er vor allem dann, wenn der Kelch nicht vorübergeht, sondern bleibt, wenn die Not und das Leid nicht aufhören, sondern andauern, wenn der Tod kommt, meint, Gott sei ferne oder ohnmächtig oder grausam oder tot, das Kreuz sei der Ort der völligen Nacht, der Tod sei der Sturz in das absolute Nichts.

Das gelebte Kreuz, der Ort und das Zeichen des Todes Jesu, enthält die Botschaft: das Kreuz als Zeichen all dessen, was unser Leben durchkreuzt, was in Verlassenheit, Leiden und Tod kulminiert, ist nicht der Ort der Abwesenheit, sondern der Anwesenheit Gottes. Gott ist nicht der, der in erhabenen Höhen dem Weltgetriebe zuschaut, ungerührt vom Los der Menschen. Gott ist der, der in Jesus, seinem Sohn, seinem Wort, in die Nacht des Leidens und des Todes eingegangen ist: gelitten, gekreuzigt, gestorben, begraben, abgestiegen in das Reich der Toten. Jesus hat den Abgrund von Leiden und Tod ausgekostet.

Das Wort „Mein Gott, warum hast du mich verlassen?“ (Mt 27, 46) hat Jesus gesprochen wie ungezählte Menschen vor ihm und nach ihm. Aber dieses Wort war keine Bankrotterklärung seines Glaubens an Gott seinen Vater, war kein Abschied von Gott, war kein Ausruf im Sinn des: Gott ist tot. Es war das Eingehen Jesu, des Menschen, der mit Gott war, in die dunkelsten Erfahrungen, die dem Menschen, die uns begegnen können. Am Ende dieses Weges steht das Wort Jesu: „Vater, in deine Hände empfehle ich meinen Geist“ (Lk 23,46).

In der Nacht unseres Lebens, in Einsamkeit, Gottverlassenheit und Tod ist Jesus gegenwärtig, und in ihm ist die Nähe, das Wort und die Liebe Gottes anwesend. Diese Wahrheit liegt dem bekannten Vers aus dem Lied von Paul Gerhard zugrunde: „Wenn ich einmal soll scheiden, dann scheide nicht von mir, wenn ich den Tod soll leiden, so tritt du dann herfür; wenn mir am allerbängsten wird um das Herze sein, so reiß mich aus den Ängsten kraft deiner Angst und Pein.“

Der Tod, das Ende aller menschlichen Möglichkeiten ist kein Ende für die Möglichkeiten Gottes, die er in Jesus geoffenbart hat. Durch Jesus ist das Kreuz verwandelt worden. Leiden, Ohnmacht, Sterben und Tod sind Möglichkeiten, da der Mensch Gott, da Gott dem Menschen begegnet.

Das ist das gelebte Kreuz, das in den Augen der Menschen Torheit und Ärgernis ist, das dem Spott und der Lächerlichkeit preisgegeben wird, aber in Wahrheit das einzige Zeichen der

Hoffnung ist. Die Begründung dafür liegt in der Tatsache, daß Gott diesen Jesus, sein Geschick und seinen Tod bestätigte, indem er den Gekreuzigten von den Toten auferweckt hat und in dem lebendigen Christus, der den Tod überwand, einen neuen Anfang in Welt und Geschichte stiftete.

Durch die Auferweckung Jesu ist das Kreuz gelebtes Kreuz. Durch die Auferweckung des Gekreuzigten ist das Kreuz nicht abgeschafft, es bleibt bestehen, aber es hat sich verwandelt: vom Fluch zum Segen, von der Schande zur Hoffnung, vom Tod zum Leben.

In diesem Zeichen kann man leben und sterben. Ungezählte Menschen haben dies getan; sie tun es auch in unseren Tagen: Sie holen die Menschen vom Kreuz, wo immer sie können; sie haben aber auch ihrem Leben einen Sinn geben können, wenn es äußerlich gesehen scheiterte, wie das Leben Jesu, sie haben ihr Leben vollendet, auch wenn es unvollendet schien. „Es ist vollbracht", das war nach dem Johannesevangelium das letzte Wort des sterbenden Jesus (Joh 19,30). Dieses Wort kann auch über unserm Tod stehen.

Die Frage: Warum leide ich – das ist der Fels des Atheismus –, so lautet ein bekanntes Wort von Georg Büchner. Eine große und breite Erfahrung scheint ihm recht zu geben.

So kann man sagen angesichts eines Gottes, den der Mensch sich nach seinem Bild und Gleichnis gemacht hat, als Gott der Lebensversicherung, als Lückenbüßer, als Erfüller unserer Wünsche. Das kann man nicht sagen von dem Gott, der sich in Jesus den Menschen mitteilte und dessen Zeichen das Kreuz ist.

Wahrscheinlich müßte das Kreuz noch mehr gelebtes Kreuz sein, gelebt durch die Christen, die sich dazu bekennen, dann würden die Gottesfinsternis, die Sinnlosigkeit, die Angst und die Verzweiflung weichen.

# III. Die Gewißheit von Ostern

## *Der Tod des Todes*

Das Osterfest fällt seit Jahren in eine Situation, die in ganz besonderer Weise von der Angst vor dem Tod charakterisiert ist. Die nach außen drängende Freude am Leben, die Gier nach ihm und allen seinen Gütern und Verheißungen, die schrankenlose Auslieferung an den Augenblick, der Wille, sich nichts entgehen zu lassen, sind nicht das Gegenteil von Todesangst, sondern ihr Symptom und ihr Ausdruck. Diese Angst ist nicht unbegründet, denn das gewaltigste Instrument dieses Todes ist inzwischen geschaffen und in die Hand der Mächtigen der Erde gelegt. Die Hoffnung, die wir angesichts dieser Situation haben, ist nicht der gute Wille der Menschen, sondern – eine fast beschämende Hoffnung – das Gleichgewicht des Schreckens, das Wissen, daß der Beginn einer Auslösung von einer Seite zugleich das Ende des Ganzen bedeutet. Darum sind die Botschaft und das Ereignis von Ostern gerade hier und heute und in dieser Situation von großer Bedeutsamkeit.

Zunächst soll gesagt sein, wie dies nicht gemeint ist. Ostern, nach christlichem Verständnis das Ereignis der Auferstehung Jesu Christi, will Sterben und Tod nicht verharmlosen oder bagatellisieren, es will die Todesangst nicht lächerlich oder unernst machen oder mit einem verlogenen Verklärungsschimmer umgeben und dazu einen billigen Trost spenden. Das ist schon deshalb nicht möglich, weil dem Ostermorgen der Gründonnerstag und Karfreitag vorausgingen. In diesen Ereignissen ist von der Grausamkeit des Todes und dem Schrecken des Sterbens nichts ausgelassen.

Ostern und seine Botschaft wollen die Realität des Todes und der Todesangst nicht verschleiern, aber sie wollen sagen, daß Tod und Todesangst nicht alles und nicht das Letzte sind, sie wollen die volle Wahrheit und Wirklichkeit eröffnen. Es könnte nämlich sein, und es ist so, daß die Angst vor dem Tod gerade heute den Menschen und den Christen so beherrscht, daß er nichts anderes mehr sieht und hört und kennt, daß er sich davon restlos und in oft widersprüchlichster Weise bestimmen läßt vor allem in der Praxis des „Laßt uns essen und trinken, denn morgen sind wir tot" (1. Kor 15,32). Dies gilt, auch wenn dem Menschen diese geheime Antriebskraft der Todesangst gar nicht bewußt wird. Die Botschaft und das Ereignis von Ostern wollen auf eine ganz andere Wirklichkeit aufmerksam machen. Dies geschieht in der Gestalt von zwei Fragen:

Die erste Frage lautet: Ist es wirklich so, wie die Menschen und auch die Christen meinen und durch ihr Verhalten bekunden, daß der Tod, der leibliche Tod, das Allerschlimmste ist, was einem Menschen widerfahren kann? Gibt es nichts Schlimmeres als den Tod? Vielleicht waren wir früher zu „freigebig", wenn wir in Wort und Lied erklärten, wofür wir alles sterben wollten. Aber wir fallen heute in den umgekehrten Fehler, daß wir gleichsam nichts mehr haben, wofür es sich lohnt, sein Leben zu wagen und vielleicht zu opfern. Es gibt eine Wertordnung, aber das Leben ist der Güter höchstes nicht. Zeigt nicht das freiwillige Sterben Jesu Christi, daß es etwas gibt, wofür das Leben hingegeben werden kann: die Erlösung, das Heil der Welt? Umgekehrt: Ist es nicht christliche Lehre, daß die endgültige Trennung von Gott, daß der Verlust von Glaube und Gnade, daß die endgültige Verwerfung durch Gott, die wir Hölle nennen, schlimmer ist als der Tod des Leibes?

Die zweite Frage, die Ostern als Wahrheit und als Ereignis an uns stellt, lautet – sie ist noch weit mehr österlich als die erste –: Ist es wirklich so, wie die Menschen und wie auch die Christen in der Welt durch ihr praktisches Verhalten, durch ihre panische Todesangst und ihre unersättliche Lebensgier zu erkennen geben, daß mit dem Tod „alles aus ist", daß es nur dieses Leben in dieser Zeit und Welt gibt? Nur wer so denkt, hat Grund zu der alles verschlingenden und lähmenden Todesangst, und umgekehrt: Wer sich von der Todesangst so lähmen oder so treiben läßt, wie es heute fast Mode geworden ist, der denkt so, daß der Tod das Ende von allem ist. Und eben das ist unchristlich und unösterlich. Die Botschaft und das Ereignis von Ostern ist der Tod des Todes. Christus, der in seinem Leben Tote erweckte, ist selbst von Tod und Grab auferstanden, aber nicht, um wieder dem Tod anheimzufallen, sondern um nicht mehr zu sterben, sondern ewig zu leben, wobei ewig keine Zeitbestimmung meint, sondern eine Qualität. Damit hat Christus den mächtigsten Herrn der Welt, den Tod, besiegt und sich aller Welt als Herr, als lebendiger Herr vorgestellt. Wie aber das Sterben Jesu Christi für uns geschah, stellvertretend für uns, an Stelle von uns und „uns zu Gute“, so ist Christus auch für uns auferstanden, als Erstling der Entschlafenen, wie Paulus sagt (1. Kor 15,20), und als derjenige, der uns im Glauben und im Sakrament, vor allem in der Taufe, in der Vergebung der Sünden und im „königlichen Ostermahl“ an seiner Auferstehungsherrlichkeit, an seinem neuen Leben teilnehmen läßt. Durch die Auferstehung Christi ist der Tod in der Welt nicht abgeschafft, er bleibt mit aller Realität und Furchtbarkeit, und der Mensch muß den Tod auch nach Christus und in der Solidarität mit ihm übernehmen.

Aber der Tod hat eine neue Sinngestalt bekommen: sein Stachel, sein Nichts, seine Nacht, seine Verzweiflung sind ihm genommen. Der Tod ist kein Ende, sondern ein Anfang, der Durchbruch in jene Daseinsweise, die der gekreuzigte und auferstandene Christus uns bereitet hat, der Eingang in jenes Leben, da es keinen Tod und kein Grab mehr gibt, sondern das ewige Leben, die neue Erde und den neuen Himmel. So sind wir nicht vom Tode, aber wir sind im Tode erlöst.

Nicht Tod, sondern Leben, ewiges Leben sind die Botschaft und das Ereignis von Ostern. Diese Wahrheit ist die Antwort und die Erlösung der Todesangst und des Lebenshungers, die heute die Menschen bewegen und in die auch der Christ hineinverschlungen ist. Aber der Christ hat die Möglichkeit und die Pflicht, diese Situation, die uns heute bedrängt, von der Auferstehung Jesu Christi her zu sehen, von dort aus zu ordnen und zu erlösen. Er hat die Pflicht, in dieser Welt und Zeit die wahre Hoffnung aufzupflanzen. Diese ist nicht die Hoffnung auf ein irdisches Paradies, es ist auch nicht die Sentimentalität, die sagt: „Es wird ja alles wieder gut“, es geht alles vorüber, es geht alles vorbei, es ist ebensowenig die Verheißung des Lebens, die in jedem Frühling liegt, der ja doch wieder in den Herbst und Winter hineinstirbt, es ist vielmehr die Hoffnung, die der Erste Petrusbrief in die Worte faßt: „Gelobt sei Gott, der uns wiedergeboren hat zu einer lebendigen Hoffnung durch die Auferstehung Jesu Christi von den Toten“ (1. Petr 1,3).

Die Botschaft von Ostern, die in allen Osterberichten gleich bleibt, lautet: Jesus lebt, der Gekreuzigte ist von den Toten auferstanden. Diese Botschaft hat auch uns heute noch etwas, ja Entscheidendes zu sagen und dies aus folgenden Gründen.

Die Botschaft von Ostern trifft den Menschen in einer Situation, die unausrottbar ist: Der Mensch will leben, ewig leben; er wird mit dem Tod nicht fertig, er sucht ihm zu entgehen oder ihn zu bekämpfen. Das Leben und das Werk des Menschen sind Bruchstück, sein Fragen, vor allem die Frage „Warum?" kommt nicht zu Ende. Seine Pläne und seine Hoffnungen werden oft genug vereitelt, seine Sehnsucht bleibt ungestillt.

Vor einiger Zeit starb der bekannte Schauspieler Victor de Kowa. Er wußte um seinen Tod und hat ihn in der Weise vorbereitet, daß er ein Tonband besprach, das bei seiner Bestattung abgespielt werden sollte. Darin sagte er: Das Schönste im Leben ist die Sehnsucht nach einem besseren Leben.

Zu dieser Erfahrung des Menschen kommt eine andere: der Mensch wehrt sich dagegen und wird es nicht zugeben, daß Gewalt, Haß, Unrecht und Bosheit das letze Wort in der Welt behalten sollen. Der Mensch empört sich gegen das Leiden und den Tod der Unschuldigen, und er ist entsetzt bei dem Gedanken, daß er dazu nichts anderes zu sagen hat als: Ich verstehe es nicht, so ist es eben in der Welt – es ist aus. Der Mensch kann sich nicht damit abfinden, daß er selbst und sein Leben eine vergebliche Sache, eine sinnlose Leidenschaft sei. Der Mensch erwartet ewiges Leben: Überwindung von Leid und Tod. Er hält Ausschau nach Ganzheit und Sinnerfüllung; er erhofft eine heile Welt, die heute sonst so sehr geschmäht wird – aber darin lebt die Sehnsucht danach. Der Mensch hat viele Fragen, und er ist sich selbst die größte Frage.

Auf diese Fragen des Menschen gibt es mancherlei Antworten. Die primitivste besteht darin, daß man sagt: man dürfe nicht so fragen, also nach Sinn und Ziel des Daseins. Indes: das ist keine Antwort, sondern deren Verweigerung.

Wer sagt: mit dem Tod ist alles und endgültig aus, der ist ebenfalls mit den Fragen nicht fertig geworden, er hat sie nur vom Tisch gewischt. Er hat die Ungereimtheit, die Sinnlosigkeit zum Programm erhoben. Er müßte sich die Frage stellen: Woran erkenne ich, daß etwas ungereimt und sinnlos ist? Das erkenne ich doch nur, wenn ich ein Wissen von Sinn habe und damit ein Wissen um ein Ganzes, um einen Zusammenhang, der in meinem Leben und in der Geschichte nicht zur Deckung kommt; das aber weist über den Tod hinaus, auf ein Jenseits des Todes.

Erinnert sei ferner an die Auskunft moderner Heilslehren, die dem Menschen sagen: Das Jenseits des Todes besteht darin, daß du durch dein Leben und Schaffen, vielleicht auch durch deinen Tod am Aufbau der klassenlosen, herrschaftsfreien Gesellschaft mitarbeitest. Du bist ein Stein, der in diesen Weg oder in diesen Bau der Zukunft eingefügt wird, darin liegt deine Unsterblichkeit. Eine andere Auskunft lautet: Du lebst weiter in der Folge der kommenden Geschlechter, du lebst weiter in deinen Werken, in „unsterblichen Werken".

Aber: all diesen Auskünften ist gemeinsam, daß die Person, die leben will, selbst aufgelöst wird und verschwunden ist zugunsten einer Wirkung, die von ihr ausging, zugunsten einer Hoffnung, die ihr versagt blieb. Was nützt es mir selbst, mir persönlich, daß andere ein Ziel erreichen, zu dem ich den Weg gebahnt habe. Was hätte es Mozart genützt, der wie ein Bettler in einem Massengrab begraben wurde, wenn man ihm sagte, deine Musik wird unsterblich sein? Und was ist schließlich denen zu sagen, die keine Werke, geschweige denn unsterbliche Werke hervorgebracht haben? Und das sind doch die meisten Menschen – das sind doch wir alle. Nein – nicht oder nicht nur unsere Werke wollen leben, sondern wir selbst, die Leben empfangen haben, wir, die wir Person sind mit unserem Namen, mit unserem einmaligen Auftrag in der Welt, mit unserer Hoffnung, mit unserer Klage, mit unserem Scheitern, mit unseren ungelösten Fragen. Ich will hier abbrechen und nur fragen: welche Antwort gibt der christliche Glaube in der Botschaft von Ostern und durch sie?

Die Antwort lautet: Jesus lebt – er lebt als einer, der den Tod gestorben ist, den Tod am Kreuz, und der von den Toten auferstanden ist. Jesus kam nicht vom Jenseits des Todes, um in das irdische Leben zurückzukehren, um dann wiederum zu sterben, sondern um ewig zu leben, das heißt, um bei Gott zu leben. Wenn man sagt, das ist unmöglich, denn dazu gibt es keine Parallele in der Weltgeschichte, dann kann man nur antworten: diese Auskunft ist völlig richtig. Denn dazu kann es gar keine Parallelen geben, weil der Vorgang der Auferweckung Jesu von den Toten einmalig ist, er hat nur *eine* Parallele: die Schöpfung der Welt aus nichts; ihr entspricht die zweite Schöpfung: die Auferweckung Jesu von den Toten.

Man sagt: Die Berichte über die Auferstehung sind verschieden, jeder Evangelist stellt den Vorgang anders dar, kann man sich darauf verlassen? Darauf kann man nur erwidern: Nichts ist verständlicher als dies: Jeder Schulaufsatz zeigt es. Wenn Begebenheiten von verschiedenen Menschen beschrieben werden, dann fällt die Schilderung subjektiv je nach Perspektive verschieden aus, und doch ist es immer die Schilderung der gleichen Sache. So sind die Osterberichte im einzelnen verschieden, aber alle stimmen überein in dem Grundbericht, in der Osterbotschaft: Jesus lebt, der Gekreuzigte ist auferstanden, er ist auferweckt worden.

Wenn man erklärt: die Auferstehung Jesu sei ein Produkt des Glaubens der Jünger Jesu, dann kann man nur sagen: Diese Behauptung stellt die Tatsachen völlig auf den Kopf. Der Glaube der Jünger war – das zeigt die Passionsgeschichte – völlig untergegangen. Dieser Glaube wäre tot geblieben, wäre er nicht neu geschaffen worden durch die Erfahrung, die den Aposteln und Jüngern zuteil wurde: „Wir haben den Herrn gesehen"; „er ist erschienen".

Der Vorgang von Ostern, von der Auferstehung Jesu, ist deshalb einmalig, weil Jesus einmalig ist. Jesus ist mit Gott verbunden wie keiner von uns, so daß er Sohn Gottes genannt wird wie keiner von uns. Jesus ist mit allen Menschen verbunden, wie keiner von uns es sein kann; er ist so sehr mit den Menschen verbunden, daß durch ihn als dem Menschensohn, als dem neuen Adam und Bruder aller Menschen ein neuer Grund der menschlichen Gemeinschaft gelegt, daß durch ihn ein neuer Ursprung und ein neues Ziel in der Menschheitsgeschichte eröffnet wurde. Das ist in dem Wort ausgesprochen: „für uns". Die Botschaft von Ostern lautet: Der Tod ist nicht das Ende aller Dinge des Menschen und das Ziel der Geschichte, die in Nacht und Nebel mündet. Der Tod ist grundsätzlich besiegbar und überwindbar, weil er durch die Tat Gottes in Jesus überwunden wurde. Wenn Gott wirklich Gott ist, dann kann der Tod für Gott keine Grenze sein, sondern der Ort und die Stunde, wo der Mensch sich Gott völlig anheimgibt, um ewig und in neuer Weise in Gott und aus Gott zu leben – wie der Auferstandene.

Wie dieses neue Leben im einzelnen beschaffen sein wird, können wir uns nicht vorstellen, wir brauchen es auch nicht. Aber wir haben eine Ahnung davon, wenn wir an das Weizenkorn denken, das in die Erde fällt und stirbt und in einem wunderbaren Vorgang viele Frucht bringt (vgl. Joh 12,24; 1. Kor 15,35–49). Das war der Weg Jesu, das wird auch unser Weg sein. So gewiß es Jesus von Nazareth war, der auferstand, so gewiß werden wir es selbst sein, nicht etwas von uns, das in Gott ewig leben wird.

Der Tod trennt uns von allem Irdischen, von Haus, Geld und Gut und von den liebsten Menschen, er macht uns einsam wie nichts sonst, aber der Tod trennt uns nicht von Gott, er trennt uns nicht von der Liebe Gottes in Jesus Christus, in den hinein wir sterben dürfen, um mit ihm zu leben. So kann man die Botschaft von Ostern auch in den Worten aussprechen: Die Liebe ist stärker als der Tod. Das ist nicht Poesie, sondern die Wahrheit, deren Bürge Jesus Christus ist. Deshalb, sagt Paulus, hat der Tod seinen Stachel verloren (1. Kor 15,55).

Der Mensch ist als Geschöpf in seinem Ursprung und in seiner ganzen Existenz auf Gott verwiesen, dem er alles verdankt. In der Unruhe seines Fragens, in der Ungestilltheit seiner Sehnsucht, in der Unerfülltheit seines Lebens, in der Unbedingtheit seines Gewissens, in der Radikalität seiner Liebe und Treue berührt er Gott, der der letzte Grund und das tiefste Geheimnis des Menschen ist. Von diesem Gott kann der Mensch auch im Tod, auch im schrecklichen Tod, nicht getrennt werden. Denn Gott ist nicht ein Gott der Toten, sondern der Lebendigen. Die Liebe ist stärker als der Tod, und Gott ist die Liebe.

Das ist die Auskunft des christlichen Glaubens auf die Frage, die der Mensch hat und die der Mensch ist als unausrottbare Frage nach dem Sinn vom menschlichen Leben und Sterben und angesichts der Leidensgeschichte der Menschheit.

Zum Schluß seien noch zwei Bemerkungen gemacht. Man spricht heute viel von der Krise des Glaubens, der Kirche, man spricht von der Verwirrung, an der auch manche Theologen schuld sind, man fragt ängstlich: Was bleibt denn noch vom christlichen Glauben – was gilt noch?

Die Antwort lautet: Es bleibt und es wird bleiben die Botschaft von Ostern, die Botschaft von der Auferweckung des Gekreuzigten, der bei Gott lebt und der unser aller Bruder ist. Er hat erfüllt und vorweggenommen, was unsere Hoffnung ist. Wer diese Botschaft nicht als Gesetz, sondern als Verheißung und als Grund seines Lebens übernimmt und wer daraus lebt, wer in der Liebe die Macht des Bösen überwindet, wo und wie immer er es vermag, der ist ein Christ. Die vielen Wahrheiten in den Dogmen des Glaubens sind eine Entfaltung dieser zentralen christlichen Urwahrheit. Die Kirche hat als österliche Gemeinschaft in ihrem Dienst an Wort und Sakrament die Aufgabe, diese Botschaft durch die Zeiten zu tragen, sie in jede Generation hinein neu zu vermitteln, so daß sie die Botschaft bleibt und zugleich die Menschen erreicht, deren größte Not heute nicht der Hochmut, sondern die Leere, die Sinnlosigkeit, die Hoffnungslosigkeit, die Verzweiflung ist.

Bis jetzt hat noch keine Religion und keine Philosophie eine Antwort gegeben auf die Frage: Was ist der Mensch? Was ist der Sinn seines Lebens? Was ist es mit dem Jenseits des Todes?, die überzeugender und glaubwürdiger wäre als es die Antwort der christlichen Osterbotschaft darstellt. Deshalb hat der Christ keinen Anlaß, sich zu verkriechen oder sich zu entschuldigen, nach Ersatzreligionen zu suchen oder auf einen neuen Erlöser zu warten. Er hat ebensowenig Grund, sich in falscher Weise zu erheben oder anmaßend zu sein. Seine Aufgabe besteht darin, diesen seinen Glauben so zu leben und im Unglück, im Leiden, im Sterben so zu verwirklichen, daß davon ein Licht ausgeht, an dem die Menschen sich orientieren, ein Licht, das die Nacht der Verzweiflung und Sinnlosigkeit vertreibt, ein Licht, an dem die Menschen ihre Hoffnung aufrichten, eine Hoffnung, die durch nichts, auch nicht durch den Tod zerstört werden kann.

Am Karfreitag 1974 wurde im Fernsehen ein Bericht ausgestrahlt über den Aufstand der Juden im Warschauer Ghetto, der vor 30 Jahren am Ostersonntag endgültig niedergeschlagen wurde. Der Bericht trug den Titel: Requiem für 500000. Während die Bilder des Todes und der Zerstörung gezeigt wurden, erklang das Halleluja von Händel.

Ich weiß nicht, was der Verfasser sich dabei gedacht hat. Vielleicht wollte er den grausamen und unerträglichen Widerspruch zwischen dem Bild des Grauens und der jubelnden Musik zum Bewußtsein bringen und damit ein Argument gegen den christlichen Glauben liefern. Aber das ist kein Argument: der Widerspruch zwischen Bild und Gesang auf dem Fernsehschirm ist nicht größer als der zwischen Karfreitag und Ostern im Leben

Jesu. Aber darin ist er zugleich gelöst. Im Gekreuzigten ist der Tod in allen Formen und Abgründen angenommen und durchlitten worden, im Auferstandenen ist – für uns – eröffnet worden, daß mitten im Tod der Ursprung eines neuen Lebens liegt, daß der Tod überwunden ist.

Jesus der Gekreuzigte und Auferstandene ruft in alle Welt und bis ans Ende der Tage: „Ich lebe, und auch ihr sollt leben" (Joh 14,19).

# IV. Meinen Frieden gebe ich euch

## *Geist und Leben*

Was bedeutet *Pfingsten* für den heutigen Menschen? Pfingsten ist ihm das Fest der Natur, Symbol der ewig schaffenden Kräfte des Lebens, das sich in Feld und Wald, in Blüten und Zweigen verschwenderisch offenbart und entfaltet. Das immer neue Wunder des Lebens zu sehen, daran froh und reich zu werden und daraus Mut und Hoffnung zu schöpfen, ist für viele der Sinngehalt dieses Tages. Und in der Tat. Wenn überall das Grün und die Fülle des Lebens schimmert – es ist wie eine Verheißung der Auferstehung: „Nun, armes Herze, sei nicht bang, es muß sich alles, alles wenden!"

Für andere Menschen ist Pfingsten das Fest des Geistes, des schöpferischen Geistes im Menschen und seiner Werke in Kunst und Wissenschaft, in Kultur und Ethos. Der Pfingsthymnus „Veni Creator Spiritus" wird für sie, wie für Goethe, zum Appell ans Genie und zum Aufruf zur höchsten Betätigung und Entfaltung des Geistes.

Dem Christen ist Pfingsten das Fest des göttlichen Lebens und des Gottesgeistes. Der Creator Spiritus, den er anruft, ist der göttliche Schöpfergeist, der Herr und Lebensspender.

Eine Zeitlang hatten wir uns daran gewöhnt, Geist und Leben zu trennen, den Geist zugunsten des Lebens zu schmähen und in ihm den Widersacher der Seele zu sehen, der die Harmonie des Lebens stört und den Menschen auseinanderbricht. Wir hatten vergessen, daß Geist höchstes und intensivstes Leben bedeutet und daß der Geist des Menschen höchste Würde und innerste Mitte ist. Seit Nietzsche den verhängnisvollen Satz schrieb: das Wort „Gott ist Geist" sei so leicht nicht mehr gutzumachen, hat das moderne Denken immer mehr dem Geist den göttlichen Glanz geraubt und Gott die Würde des Geistes genommen.

Der Christ, der das Geheimnis des Pfingsttages im Glauben begeht, weiß, daß Gott Geist ist, daß Gottes Geist Leben ist, daß in Gott Geist und Leben eins sind.

Wir lesen auf den ersten Blättern der Bibel, daß der Geist Gottes über dem Chaos schwebte, daß die Erschaffung der Welt die freie Liebestat dieses Gottesgeistes war und daß die Welt die Zeichen seiner Macht und Herrlichkeit trägt. Die Schöpfung von Welt und Leben aber ist nicht das Werk eines Geistes, der „die Welt nur von außen stieße", sondern eines Geistes, der „bis zur Stunde wirkt" und in der Erhaltung von Welt, Leben und Natur eine fortdauernde Neuschöpfung setzt.

Auch und gerade dem Christen wird die pfingstlich prangende Natur zu einem heiligen Fest, mehr noch, zur Offenbarung des Schöpfergeistes, seines Reichtums, seiner Lebensfülle und seiner Liebe. Keiner kann sich so bejahend und frei der Natur hingeben, ohne ihrem bestrickenden Zauber zu verfallen, als der Christ, dem die Schöpfung Transparent des lebendigen Schöpfers wird. Der Menschengeist aber und seine großen Leistungen und Werke sind dem Christen wiederum Spur des göttlichen Geistes, der allezeit lebendig ist, der ohne Maß gibt und der „weht, wo er will" (vgl. Joh 3,8).

Das Welt- und Daseinsverständnis des Christen entwertet und schmäht das Leben, die Natur und den Geist nicht, es rückt vielmehr alles an die rechte Stelle und in die wahren und letzten Zusammenhänge.

Der Christ, der Pfingsten begeht, gedenkt noch einer anderen Tatsache, einer zweiten Schöpfung dieses Gottesgeistes, da er als der von Christus versprochene „Tröster und Beistand", als „Kraft aus der Höhe", in Sturm und Feuer auf die erste christliche Jüngerschar herabkam, sie von Grund auf verwandelte und erneuerte und ihnen die Gaben der Wahrheit, der Liebe, der Tapferkeit und Einheit schenkte. Pfingsten ist für den Christen die Geburtsstunde der Kirche, da die kleine Herde Jesu Christi in die Öffentlichkeit der Welt trat, da dreitausend Menschen, Vertreter aus den verschiedensten Nationen der damaligen Welt, durch Glaube und Taufe in die Gemeinschaft der Kirche aufgenommen wurden, sich das neue Volk der Christen konstituierte und ein neues Dasein lebte als Leben der Gnade, als Leben in Christus und im Heiligen Geist. In der Kraft und im Feuer des Pfingstgeistes hat die Kirche aus kleinsten Anfängen gegen eine Übermacht von Haß und Gewalt, Feindschaft und Verfolgung die antike Welt zu Christus geführt und ihr ein neues Antlitz geschenkt.

Aber – so werden viele sagen – wo ist *heute* etwas vom Wehen und Wirken dieses Gottesgeistes zu spüren? Ist nicht die schöne Gottesschöpfung bedroht, ist nicht das Menschenbild geschändet, liegt nicht über der Welt der Schatten der Zerstörung? Wo ist die Kraft des Christentums, wo die belebende, helfende, heilende und liebende Macht der Kirche, wo sind die neuen Menschen? Haben sie nicht alle versagt in der Vergangenheit, versagen sie nicht in der drangvollen Gegenwart mit ihren ungeheuren Nöten und Aufgaben und angesichts der bedrückenden Perspektiven, die uns der Gedanke an die Zukunft eröffnet?

Die gegenwärtige Situation und ihr Zustand spricht nicht gegen Gott oder Gottes Geist, auch nicht gegen Christus und gegen sein Werk, sondern eindeutig gegen uns selbst. Die tiefste Quelle und letzte Ursache der heutigen Not liegt darin, daß die moderne Welt im wahrsten Sinn Gott-los geworden ist, daß die Menschen in überheblicher Selbstherrlichkeit das Angebot, die Verheißung und die Weisung Gottes als überflüssig oder feindlich ablehnten, daß sie die Botschaft des Christentums, die Botschaft von Wahrheit und Liebe, von Gerechtigkeit und Ehrfurcht, verwarfen, sich dem Walten und Wirken des Gottesgeistes verschlossen, und daß die Christen ihre Würde, ihre Berufung und Verantwortung gegenüber Gott und Welt, Mensch und Geschichte weithin vergaßen, daß die Gemeinschaft der Glaubenden, die Kirche, ihrem Auftrag oft nur ungenügend gerecht wurde: Anwalt der Menschen, ihrer Würde, ihrer Freiheit zu sein.

Vor dem Willen und der Freiheit des Menschen hat das Wirken Gottes und das Walten des schöpferischen Gottesgeistes eine geheimnisvolle Grenze, die Gott nicht überschreitet. Doch es ist ein ungeschriebenes, unerbittliches Gesetz: Wo immer der Mensch die Herrschaft Gottes nicht mehr anerkennt, zerfällt das wahre Bild des Menschen, und die Welt, über die der Mensch gesetzt, die ihm anvertraut ist, gerät aus den Fugen und empört sich gegen den Menschen und bedroht ihn.

So wird Pfingsten und sein Geheimnis vom Gottesgeist gerade heute für die Menschen und Christen zur Besinnung und zum Gericht. Die Botschaft von Pfingsten wird zur Forderung nach einer echten Umkehr des Denkens und einer wahren Erneuerung des Herzens. Diese fordert, daß wir die Götzen des Stolzes, der Lüge und der Gewalt zertrümmern, daß wir unsere Stellung vor Gott und unsere Verantwortung für die Welt wieder erkennen, daß wir Gottes Wort und Willen, wie er in der Person und im Leben Jesu Christi offenbar wurde, zur Norm des Daseins erheben, daß wir Herz und Sinn dem Wirken des Gottesgeistes öffnen und ihn aufnehmen als den Geist der Wahrheit, der Gerechtigkeit, der Liebe, der Einheit und der Stärke und ihn in Tat und Leben realisieren. Wir sollten wieder lernen, zu bitten und zu rufen: Komm Schöpfer Geist! In diesem Geist können wir neue Menschen werden. Von den neuen Menschen aber wird auch eine neue Welt kommen.

## *Es muß alles anders werden*

Wer nicht gerade an den unabwendbaren oder unmittelbar bevorstehenden Untergang des Abendlandes oder der Welt glaubt, stimmt sicher ein in den Chor der Millionen, die angesichts der heutigen Situation sagen: So kann es nicht weitergehen, es muß etwas geschehen, es muß anders werden! Wenn wir weiterfragen: Was muß geschehen?, dann kommt vielleicht die Antwort: Die äußeren Zustände müssen sich bessern, Reformen müssen geschaffen werden, die Güter der Erde müssen gerechter verteilt werden, Gier und Mißgunst müssen aufhören, die Menschheit muß hoffnungsvoller leben können, die Angst muß beseitigt werden, die allgemeine Abrüstung muß kommen. Es ist kein Ende dieser klugen und wahren Antworten. Kein Einsichtiger wird leugnen, daß diese Dinge entscheidend sind, daß die Besserung der äußeren Zustände eine Grundvoraussetzung des menschlichen Lebens darstellt.

Aber es könnte auch sein, daß sich hinter solchen Redensarten: „Es muß etwas geschehen“ eine Gesinnung und Haltung verbirgt, die nicht lauter und redlich ist. Wer so spricht, tut es nicht selten, um von sich selbst abzusehen, um sich von seiner Pflicht und Verantwortung hier und jetzt zu befreien und auf irgend etwas zu warten, auf ein Eingreifen von irgendwoher, auf einen Befehl, auf ein Ereignis oder gar ein Wunder – „sonst ist ja doch nichts zu machen“.

Das „Es muß anders werden“ kann eine Flucht in Unverbindlichkeit, Resignation oder Verzweiflung sein, oder eine Entschuldigung für das Nichtstun oder das Unrecht. So entsteht ein seltsamer Kreislauf der Unfruchtbarkeit.

Aber machen wir uns klar, daß es nur anders werden kann, wenn die Menschen anders werden, daß nur etwas geschieht, wenn die Menschen etwas tun, die Menschen ohne Ausnahme, jeder einzelne. Die Welt erneuert sich nicht von selbst, sie erneuert sich vom Menschen aus. Neue Menschen, das heißt Menschen mit neuen Gesinnungen, mit einem neuen Geist und einem neuen Herzen werden die Formen und Zustände schaffen, in denen ein Leben wieder menschenwürdig gelebt werden kann. Solange diese Einsicht nicht zur Einsicht aller Menschen in allen Ländern wird, solange man glaubt, mit äußeren Maßnahmen allein die kranke Welt wirklich heilen zu können, solange treibt man nur „Symptomtherapie", die nicht zum eigentlichen Krankheitsherd vorstößt. Albert Schweitzer, einer der größten Menschen des 20. Jahrhunderts, hat die sehr beherzigenswerten Worte geschrieben: „Unsere Zeit schlägt sich in Sinnlosigkeiten herum wie ein gefallenes Pferd in seinen Strängen. Durch äußere Maßnahmen und durch neues Organisieren sucht sie die schweren Probleme, mit denen sie zu tun hat, zu lösen. Umsonst. Auf die Füße kommt das Pferd erst wieder, wenn man es abschirrt und beim Kopfe wieder aufrichtet. Auf die Füße kommt unsere Welt erst wieder, wenn sie sich beibringen läßt, daß ihr Heil nicht in Maßnahmen, sondern in neuen Gesinnungen besteht."

Dabei darf keiner sagen: Ich will mit dieser Aufgabe warten, bis andere den Anfang machen. Jeder muß beginnen in seinem Herzen und in seinem Leben. Jeder einzelne ist aufgerufen, und wenn alle von der Überzeugung durchdrungen wären: Auf mich kommt es an, dann würde „es" ganz von selbst anders werden. An vielen Punkten würden sich Lichter entzünden, und diese würden das Dunkel und die Kälte dieser Stunde überwinden. Glauben wir an den Wert des einzelnen, an den Wert der kleinen Zahl und an den Wert des Nächstliegenden. Hier fließt eine Quelle für die Rettung der Welt.

An dieser Stelle setzt die Botschaft und die Bitte von Pfingsten ein: „Sende aus deinen Geist, und alles wird neu geschaffen, und du wirst das Angesicht der Erde erneuern." Wer so spricht, weiß, daß Welt und Erde erneuerungsbedürftig sind und daß der Mensch, von dem aus die Welt neu werden muß, selbst sehr fragwürdig ist und an vielen Unzulänglichkeiten leidet, daß sein Geist nicht immer gut und klar, daß sein Herz nicht immer lauter ist. Wer zum Heiligen Geist betet, tut es in der Überzeugung, daß der Mensch und seine Welt, die der Erneuerung bedürfen, auch der Erneuerung fähig sind. Der Mensch bittet um die Erneuerung seines Herzens, darum, daß er gesinnt sei, wie Gott gesinnt ist, er bittet, daß er im Heiligen Geist das, was recht ist, verstehe und es tue.

In Geist und Herz begegnet den Menschen der Heilige Geist Gottes. Hier können auch heute noch ungezählte verborgene Wunder der Erneuerung geschehen. Wer sagt, daß heute ein Pfingsten nicht mehr möglich sei? Alle Zeit ist Gottes Zeit. Gottes Geist schwebt über den Wassern auch unserer Welt. Wir glauben nicht an den Untergang, wir glauben an einen neuen Anfang. Es liegt an uns, welches Antlitz die Welt trägt, das des Todes oder das des Lebens. Die Welt wird neu werden, wenn die Menschen neu werden, die Menschen werden neu, wenn sie sich dem ewigen, lebendigen Gott und seinem Wirken öffnen, wenn sie sich für das Kommen des göttlichen Geistes – es ist der Geist Jesu Christi – bereiten, wenn sie sich von ihm ergreifen und im wahrsten Sinn des Wortes begeistern lassen, wenn sie inmitten der Drangsal voll Glaube und Hoffnung rufen: Komm, Heiliger Geist!

## *Viele Zungen – ein Geist*

Wie ist der Satz zu verstehen, den die Apostelgeschichte über das Geschehen an Pfingsten berichtet: „Alle wurden mit dem Heiligen Geist erfüllt und fingen an, in anderen Zungen (Sprachen) zu reden, wie der Geist ihnen zu sprechen eingab"? (2,4). Ist damit gemeint, was manche Kirchenväter sagen und was zum Teil bis heute vertreten wird, daß die Apostel mit der Kenntnis anderer, neuer, ihnen bisher unbekannter Sprachen ausgestattet wurden, mit der Kenntnis der Sprache der Völker, denen sie die Botschaft vom Heil in Jesus Christus verkünden sollten?

Den Ausdruck: „in anderen Zungen (Sprachen) reden" in dieser Weise zu verstehen, ist vom Text her nicht gefordert. Eine solche Deutung könnte – so sagt man – auch die merkwürdige Reaktion der Zuhörer nicht erklären: „Sie gerieten außer sich und waren ratlos, und einer sagte zum andern: Was soll das nur bedeuten? Andere jedoch sagten spöttisch: Sie sind voll des süßen Weines" (2,12f.).

Deshalb wird eine andere Erklärung vorgeschlagen: das in anderen Zungen (Sprachen) Reden sei nicht ein Reden in verschiedenen wirklich gesprochenen Sprachen, sondern ein Sprechen im ekstatischen Zustand, ein Sprechen aus geisterfülltem Innern, das sich nicht der gewöhnlichen Sprachformen bedient. Es ist, so sagt man, im Grunde dasselbe Phänomen, das im 1. Korintherbrief als „Glossolalie“, als Zungenreden, als Reden in entrückter und unverständlicher Sprache beschrieben wird.

Diese Erklärung bedenkt indes die andere Reaktion zu wenig, von der der Pfingstbericht spricht: „daß ein jeder sie in seiner eigenen Sprache reden hörte“ (2,6) – und: „Wie kommt es, daß wir sie jeder in unserer eigenen Sprache hören, in der wir geboren sind? Daß wir sie in unseren Sprachen die Großtaten Gottes preisen hören?“ (2,11). Wer das Pfingstereignis als ekstatisches, geisterfülltes Reden und dies nicht in fremden Sprachen, sondern in einer neuen Sprachform erklärt, muß für ein „Hörwunder“ plädieren, in dem Sinn, daß der Heilige Geist selbst den Dolmetsch machte, indem er die glaubenswilligen Zuhörer in den Stand setzte, die Jünger in ihrer Muttersprache zu verstehen.

So ist nicht eindeutig auszumachen, was es bedeutet: „in anderen Zungen (Sprachen) sprechen“ und: „jeder hört sie in seiner eigenen Sprache“.

Wird nun – das ist die Frage – mit solchen Erklärungen, die keine Schwierigkeiten erfinden, sondern die nicht völlig zu klärenden Aussagen des Textes zu Wort kommen lassen, das Pfingstgeschehen selbst in Frage gestellt? Eines ist sicher: Das wie immer zu deutende Sprechen in anderen Zungen sowie das Hören und Verstehen wird nicht als menschliche Möglichkeit, sondern als Wirkung des Heiligen Geistes erfahren. Darin wird die Erfüllung der Verheißung Jesu gesehen: daß die Apostel „in der Stadt bleiben und die Verheißung des Vaters erwarten sollten, daß sie mit dem Heiligen Geist getauft werden“ (1,5), daß sie mit „Kraft ausgerüstet werden, wenn der Heilige Geist auf sie herabkommt und daß sie seine Zeugen sein sollten in Jerusalem und in ganz Judäa und Samaria und bis an die Grenzen der Erde“ (1,8). Die unmittelbar an dieses Geschehen sich anschließende „Pfingstpredigt des Petrus“ deutet das Geschehen in diesem Sinn: Als Erfüllung einer alttestamentlichen Prophetie für den Anbruch der Endzeit, in der Gericht und Rettung zugesagt ist und zugleich die Ausgießung des Gottesgeistes über „alles Fleisch“. Diese Prophetie ist durch die Person und den Weg Jesu Christi erfüllt: „Ihn hat Gott auferweckt, dessen sind wir alle Zeugen. Er ist durch die Macht Gottes erhöht und hat vom Vater den verheißenen Geist empfangen und ihn ausgegossen, wie ihr es hier seht und hört" (2,32f.).

In diesen Worten wird gesagt, daß Jesus durch die Sendung des Geistes sein Werk vollendet hat. Damit sind auch die Grundlagen dafür geschaffen, daß Jesus selbst und sein Werk in der Geschichte und in der Welt vermittelt und vergegenwärtigt werden: durch den Geist, den Geist des Vaters, den Geist Jesu Christi, den Heiligen Geist. Er schafft diese Gemeinschaft der Gläubigen, die Kirche, er ist in ihr als Prinzip des Lebens und Wirkens anwesend. „Der Geist", so sagt das Zweite Vatikanische Konzil, „wohnt in der Kirche und in den Herzen der Gläubigen wie in einem Tempel; er führt die Kirche in alle Wahrheit ein, eint sie in Gemeinschaft und Dienstleistung, bereitet und lenkt sie durch die verschiedenen hierarchischen und charismatischen Gaben und schmückt sie mit ihren Früchten. Durch die Kraft des Evangeliums läßt er die Kirche allezeit sich verjüngen und erneuert sie immerfort. So erscheint die ganze Kirche als das von der Einheit des Vaters und des Sohnes und des Heiligen Geistes her geeinte Volk" (Dogmatische Konstitution über die Kirche I,4). Das Thema „Der Heilige Geist und die Kirche" ist außerordentlich reich und vielschichtig. Im Rahmen dieser Besinnung sei nur *ein* Gedanke hervorgehoben, wie er in der Überschrift angegeben ist: *Viele Zungen – ein Geist.* Wie immer das damit umschriebene Pfingstgeschehen im einzelnen zu deuten ist, die in diesem Wort ausgesprochene Thematik ist heute in einer neuen Weise gegeben. Ungleich mehr als beim ersten Pfingsten wird uns heute bewußt, was „alle Völker" bedeutet und was mit dem Reden in vielen Zungen (Sprachen) heute gesagt sein will und kann. Sicherlich nicht das Reden als Glossolalie: in ekstatischer Begeisterung, wie es vielleicht als Zeichen an Pfingsten sich zeigte und wie es von Paulus im ersten Korintherbrief als „Charisma" beschrieben wird. Dies geschieht übrigens mit einer bemerkenswerten Kritik, die der Apostel in die Worte faßt: „Ich danke Gott – ich rede mehr als ihr alle in Zungen, aber in der Gemeinde(versammlung) will ich lieber fünf Worte mit meinem Verstand reden, damit ich andere belehre, als zehntausend Worte in Zungenreden" (1. Kor 14,18f.). Worum geht es *heute* bei dem Thema: Viele Zungen – ein Geist?

Wenn das Zeugnis der geisterfüllten Apostel von Jesus dem Herrn und dem Christus, von seiner Person, seinem Wort und seiner Tat als Botschaft des Heils, als Antwort auf die Fragen des Daseins, als Wort des Lebens den Menschen erschlossen und vermittelt werden soll, dann muß dies in verständlicher Weise und es muß in vielen Sprachen und Zungen geschehen. Das bedeutet nicht nur, daß die Heilige Schrift in die Sprachen der Welt übersetzt wird, sondern daß die Sache, die die Schrift bezeugt, in viele Sprachen übersetzt wird, das heißt, daß sie *so* vermittelt wird, daß in ihr die Botschaft und das Zeugnis nicht verfälscht, daß der Geist Gottes nicht mit dem Menschengeist verwechselt wird. Zugleich aber muß die Sache des Evangeliums in die Verstehensmöglichkeiten des Menschen von heute, in seine Sprache und sein Denken eingehen. Das Evangelium Christi muß deshalb eine solche Ausdrucksgestalt finden und gewinnen, daß der Mensch erkennt, daß und wie sehr ihn dieses Wort angeht, daß und wie sehr es sein Leben und die darin sich meldenden Fragen betrifft und des Menschen verantwortliche Entscheidung herauszufordern vermag.

Das Wort des Evangeliums und der apostolischen Predigt bedarf heute in der Verkündigung und in der Theologie der „Übersetzung" – gleichsam von Ufer zu Ufer, vom Einst zum Heute, vom antiken Weltbild zum gegenwärtigen Daseinsverständnis. Das Wort bedarf der Verdolmetschung. Der Dolmetscher muß die Sprache der Bibel und der Geschichte sowie die Sprache und die Sprachen des jeweiligen Menschen sprechen und verstehen. Die vielen Zungen dürfen den einen Geist nicht verfälschen, und der eine Geist soll in den vielen Zungen vernehmlich bleiben. Jedermann sieht, wie schwierig und differenziert diese Aufgabe ist. Wenn das Wort des Evangeliums nicht mehr verstanden wird, wenn es nicht mehr in eine lebendige Beziehung zum Leben des Menschen und zu seiner Welt gebracht wird, kommt es nicht einmal als Frage mehr in Frage. Daraus folgt keineswegs, daß der Mensch und sein Weltbild – jeweils von heute – zum Maßstab der christlichen Botschaft gemacht wird oder gemacht werden dürfte, aber es bedeutet, daß die Begegnung zwischen dem Wort und seinem Hörer so gesucht werden muß, daß es für ihn in Frage und zur Sprache kommt.

Die vielen Sprachen heute sind zugleich von der Tatsache geprägt, daß sie eine Geschichte haben, daß die Worte in ihrer Bedeutung wechseln können, daß mit dem gleichen Wort früher und heute jeweils ein anderer Sinn verbunden sein kann. Aus diesem Grund genügt es für das Leben, den Vollzug und die Wirksamkeit des Glaubens nicht, daß man alle Buchstaben festhält oder wiederholt, in denen der Inhalt des Glaubens einmal formuliert wurde. Man könnte darüber das Wort und den Geist verlieren und damit die Sache selbst. Es muß deshalb – unterscheidend – gefragt werden, was gesagt und was mit dem Gesagten gemeint ist. Und es muß überlegt werden, ob das Gemeinte noch mit den alten Worten so gesagt werden kann, daß es das Gemeinte bleibt.

Von diesen Sprach- und Verstehensproblemen kommen viele Fragen und auch Schwierigkeiten, die heute die Auslegung und das Verständnis des Glaubens bewegen. Mag dabei in den gegenwärtig versuchten theologischen Lösungen und Antworten vieles fragwürdig sein und manches nur als Hypothese gelten können – die Intention, die dabei am Werk ist, besteht nicht darin, einen Ausverkauf des Christlichen zu stark herabgesetzten Preisen anzubieten, sie besteht vielmehr in dem ausdrücklichen Willen, das Wort des Evangeliums in den Sprach- und Hörbereich des Menschen zu bringen. Würde diese primäre Absicht mehr anerkannt und gewürdigt, wäre es leichter, in der gegenwärtigen Situation Verständigungen zu gewinnen, Frontenbildungen zu vermeiden und ein Gespräch darüber zu führen, ob bei diesem Bemühen vielleicht Antworten gegeben werden, in denen zwar die vielen Zungen berücksichtigt werden, aber nicht mehr der eine Geist, der in ihnen zu Wort kommen soll. Ein Kriterium dafür wird nach den Aussagen des Neuen Testaments dadurch erbracht, daß Jesus als der Christus und als Herr bekannt wird (1. Kor 12,10) und daß die Gemeinde „aufgebaut" wird.

Es gilt ferner zu bedenken: Der Weg der Theologie als Bemühung um das Glaubensverständnis war bisher vorwiegend ein abendländischer Weg. Der Glaube wurde vor allem mit den Mitteln und Möglichkeiten des abendländischen Denkens buchstabiert und ausgelegt. Es wäre jedoch eine Einengung des Glaubens, wollte man nur diese Form der Theologie zulassen und die anderen Zungen und Sprachen, etwa die des gegenwärtigen Denkens oder die des Fernen Ostens, ausschließen oder wollte man um des Glaubens willen verlangen, daß es für die Theologie als wissenschaftliche Auslegung des Glaubens nur einen, den abendländischen Weg gäbe. Die recht verstandene Vielheit ist nicht der Gegensatz, sondern der Ausdruck der – lebendigen – Einheit in der Kirche.

In diesem umfassenden Prozeß: „Viele Zungen – ein Geist" sind auch die anderen christlichen Kirchen und ihre Theologie zu würdigen. Lange Zeit wurden die Aussagen „der anderen" vorwiegend im Zeichen der Gegnerschaft und des Widerspruchs zum katholischen Glauben gesehen. Heute entdecken wir, daß es höchst einseitig ist, nur so zu denken und nicht damit ernst zu machen, daß auch dort – unbeschadet der noch bleibenden Gegensätze – Wahrheit des Glaubens bezeugt und artikuliert wird, daß vielleicht mit anderen Worten und in anderen Denkformen ein Gemeinsames gemeint ist, daß also gesagt sein will, was den einen Geist gerade nicht ausschließt oder unmöglich macht, sondern was ihn bezeugt.

Dies zu sehen scheint mir um so dringlicher, als in der gegenwärtigen Stunde, durch die Herausforderung der modernen Welt und des sie bestimmenden „Geistes", nicht so sehr konfessionelle Differenzen in Frage gestellt werden als vielmehr die Fundamente und Grundaussagen des Christlichen schlechthin, also das, worin die Christen, wollen sie diesen Anspruch aufrechterhalten, nicht getrennt sein dürfen, sondern geeint sein müssen.

Die Zusage „Viele Zungen – ein Geist" ermöglicht und fordert es, den Kreis noch weiter zu ziehen. Wenn wir vom Heiligen Geist bekennen, daß er der Herr und Lebensspender ist, dann ist es geboten, das Walten und Wirken dieses Geistes in der Schöpfung und vor allem in der Menschheit von Anbeginn anzuerkennen und in den vielen Zungen der Menschen das Wirken des einen Geistes zu glauben. Die Kirchenväter waren der Meinung, daß die Samenkörner des Lichtes, des Logos, des göttlichen Geistes in die Welt gestreut seien. „Jede Wahrheit, von wem immer sie erkannt wurde, stammt vom Heiligen Geist" heißt ein bekanntes Wort des Thomas von Aquin. Und Augustinus sagt, daß er durch die Platoniker auf die Spur des christlichen Glaubens kam. Er meint darüber hinaus, daß das Ziel des Menschen: die Gemeinschaft mit Gott, bereits von Plato ausgesprochen wurde und daß die „Unterscheidung des Christlichen" in dem durch Christus eröffneten Weg zu diesem Ziel bestehe. Und wer je einmal eine Sammlung von Gebeten der Völker und der verschiedenen Zeiten gelesen hat, wird erkennen, daß dabei noch einmal, wenn auch in anderer Weise, das Wort zutrifft: viele Zungen – ein Geist.

Solches zu sagen bedeutet keine Abschwächung oder gar Aushöhlung des Glaubens an den Heiligen Geist, den Geist des Vaters und den Geist Jesu Christi – im Gegenteil. Gerade der christliche Glaube, der um das intensivste und konkreteste Walten und Wirken dieses Geistes weiß, spricht es aus: „Der Geist weht, wo er will" (Joh 3,8). Das Christliche lebt nicht von der Verdächtigung oder der Zertrümmerung dessen, was außerhalb seiner selbst ist, sondern von dessen Anerkennung. Wer die Quelle des Lichtes kennt, weiß um die davon ausgehenden Strahlen. Gerade deshalb ist es wichtig und erhellend, den Ursprung und die Quelle dieses Lichts zu kennen und zu bejahen: „Ich glaube an den Heiligen Geist, der vom Vater und vom Sohne ausgeht."

## *Der Mensch in Gemeinschaft*

Der Mensch ist auf Gemeinschaft angelegt. In dieser Wesens- und Grundverfassung des Menschen wurzeln alle konkreten Formen der Gemeinschaft, Freundschaft, Ehe, Familie, Volk.

In vielfacher Weise spricht sich das Hinüber und Herüber menschlicher Begegnung und Gemeinschaft aus: im Wort, das auf Antwort wartet, im Blick, der nach Erwiderung ruft, in der Liebe, die um Liebe bittet und sie erweckt, in Geben und Empfangen, in Mitleid und Mitfreude, in Hilfe und Opferbereitschaft, in dem Zusammen des Lebens, der Lebenswege, der Lebensschicksale. Und dabei ist es so: Je reicher und vollkommener ein Mensch ist, desto reicher und vollkommener wird die Kraft der Begegnung und die Innigkeit der Gemeinschaft sein, die von ihm ausstrahlt. Ferner: Je höher an Rang eine Gemeinschaft steht, desto mehr verlangt sie die volle Darbringung der Person. Und endlich: Je mehr einer die Kraft der Hingabe hat, von sich selbst absieht, und sich gleichsam verschwendet, desto mehr empfängt und gewinnt er für sich selbst.

Das ist die Schönheit und der Glanz aller menschlicher Begegnungen und aller Gemeinschaften von ich und du und wir. Aber inmitten dieses Reichtums erhebt sich die Trauer und Tragik – und jede Freundschaft und Liebe weiß dies: Ich reiche nicht ganz hinüber zum andern, den ich liebe, und der andere, der auf dem Weg zu mir ist, kommt nicht ganz bei mir an. „Ich bin mein – du bist dein – keiner kann des andern sein", so sagen es die Verse von Werner Bergengruen, und sie sind nur eine Stimme im großen Chor, der das Lied von der Unerreichbarkeit der menschlichen Begegnungen singt.

Aber es bleibt nicht bei diesem Unvermögen. Wir dürfen nicht einmal wollen und wünschen, daß wir ganz des andern sind, gerade dann nicht, wenn wir ihn aufrichtig lieben und es wirklich gut mit ihm meinen. Denn das würde bedeuten, daß der andere auch all das Böse und Schlimme in sich aufnimmt, was ich in mir habe, daß ich dadurch dem Menschen, den ich liebe, zum Gift und zur Zerstörung werde. Und welche Freundschaft, welche Liebe kann das im Ernst wollen! So ist das Schönste, was wir haben, unvollkommen, und das Kostbarste, was uns zu eigen ist, fragwürdig. Aber eben diese schmerzliche Grenze unserer selbst weist über die Grenze hinaus.

Wir existieren nicht nur in der Begegnung mit dem Du und in der Gemeinschaft des Wir mit anderen Menschen. Wir existieren ursprünglicher noch in der Begegnung und Gemeinschaft mit Gott. Wir können gar nicht ohne diese Gemeinschaft sein. Wir sind ja nur durch den, der allem Sein und Leben gab, ohne den wir nichts, ohne den wir nicht sind.

„Ich bin ganz dein – du bist ganz mein." Das ist deshalb die Grundmelodie aller Gebete in den vielen Religionen der Welt. Und alle Gebete wollen dieser großen Wahrheit, der Begegnung und Gemeinschaft von Gott und Mensch Stimme und Ausdruck verleihen. Gerade für diese Gemeinschaft und Begegnung ist es bezeichnend, daß sie frei ist von jeder eingehenden und einschränkenden Gewalt, wie sie meist das Verhältnis von ich und du unter Menschen bestimmt. Denn Gott ist für den Menschen kein anderer und deshalb fremder, er ist sein Schöpfer und Herr, der das menschliche Sein und Selbst erst ermöglicht und garantiert. Die Abhängigkeit des Menschen von Gott bedeutet keine Ausschaltung der Freiheit, sondern ihre Gewährung. Der freie Gott hat den Menschen frei erschaffen, und er will ihn als freien Menschen.

Gott hat den Menschen so geschaffen, daß er ein Wesen der Grenze, der stets offenen Frage und der unendlichen Sehnsucht ist. Und wenn Gott sich offenbart, erschließt er sich dem Menschen, wie er ihn vorfindet. Er spricht ihn an in der Verfassung, in der er ist. Er knüpft an das an, was der Mensch hat und was er verlangt. Das Wort und das Werk der Offenbarung ist eine von der Freiheit und Güte Gottes gegebene Antwort auf die Frage des Menschen, auf die Frage, die der Mensch sich selbst ist. Man kann die Probe darauf überall machen, auch in unserer Frage, in der Frage der Gemeinschaft und der Begegnung zwischen Gott und Mensch.

Gott ist sichtbar geworden unter uns, er ist Mensch geworden in Jesus Christus. Er ist jenes große menschliche Du, der Bruder aller Menschen, der ihnen nahe war, der mit ihnen sprach, unter ihnen lebte, der sie liebte, wie nur ein Mensch den Menschen lieben kann. Weil Gott in Jesus Christus Mensch geworden ist, hat er die Begegnung des Menschen mit Gott in die Nähe und Fühlbarkeit der menschlichen Begegnung gerückt, und weil Jesus Christus mehr ist als Mensch, nämlich der Gottmensch, hat er die Enge, die Gewaltsamkeit, die Unvollkommenheit und die Grenze, die das Schicksal aller Begegnungen von Mensch zu Mensch ist, aufgehoben und in die Weite, Reinheit, Freiheit und Unmittelbarkeit gerückt, wie sie nur im Verhältnis von Gott und Mensch möglich sind. Gerade dies macht die Einzigartigkeit Christi aus.

Jesus Christus, der vor 2000 Jahren lebte, ist nicht vergangen und bloße Geschichte geworden, wie es das Schicksal aller Menschen und alles Menschlichen, auch des Größten, zwangsläufig ist, sondern er lebt, er lebt so sehr, daß er nicht mehr stirbt, weil er den Tod überwunden hat: Er ist von den Toten auferstanden.

Jesus Christus hat auch die Schranken der Zeit überwunden und Möglichkeiten geschaffen, um allen Menschen die Möglichkeit der Begegnung und Gemeinschaft mit ihm selbst und dadurch mit Gott zu geben. Eine dieser Möglichkeiten – aber keineswegs nur die einzige – ist das Sakrament, zuhöchst die Eucharistie, das – wirksame – Gedächtnis seines Todes und seiner Auferstehung, das Sakrament seines Leibes und Blutes. Brot und Wein sind die unscheinbaren, aber anschaulichen Zeichen seiner Gegenwart.

Die Gestalt des Mahles, des Essens und Trinkens ist die Form, wie die Begegnung des Menschen mit diesem Christus, dem erhöhten und verklärten Herrn, geschehen kann und soll. Sie übersteigt an Innerlichkeit alle Möglichkeiten und tastet an keiner Stelle die Integrität der Personen an, die sich hier begegnen, also den Menschen und den Gottmenschen. Dieses Sakrament ist Jesu Stiftung und Vermächtnis, die über alles Begreifen hinausgehende Fortsetzung und Vergegenwärtigung seiner selbst, das Sakrament der Gemeinschaft mit ihm, der Gott und Mensch ist. Die Worte Christi selbst lassen darüber keinen Zweifel: „Wer mein Fleisch ißt und mein Blut trinkt, der bleibt in mir und in dem bleibe ich“ (Joh 6,54).

Wir wissen, dieses Geheimnis der Nähe und der Liebe Jesu Christi in den unscheinbaren Gestalten von Brot und Wein ist immerdar unter uns gegenwärtig. Stets ist der Tisch des Herrn gedeckt und sein Mahl bereitet. Immer noch ergeht der Ruf: „Nehmet hin und esset, das ist mein Leib, der für euch hingegeben wird. Nehmet hin und trinket alle daraus, das ist mein Blut, das für euch und viele vergossen wird" (Mt 26,26–28). Wir dürfen diesem Ruf, seiner Forderung und seinem Geheimnis nicht ausweichen. Es ist das Geheimnis des nie versiegenden und erlöschenden Liebesangebots Gottes an uns. Es ist das Geheimnis, in dem wir uns selbst am besten und eigentlichsten begreifen, es ist die alles Verstehen übersteigende Darstellung und Verwirklichung dessen, was wir sind und was wir haben, dessen, woraus wir kommen, worin wir leben, was wir verlangen, was Ziel all unserer Begegnungen und all unseres Gemeinschaftswillens von Ich und Du und Wir ist: Gott in uns – wir in Gott.

# V. Im Umkreis von Leben und Sterben

## *Wozu leben wir?*

Wenn wir diese Frage dem vielgenannten „Mann auf der Straße“ stellen, wird er entweder die Achsel zucken oder eine triviale Antwort geben. Vielleicht wird er erklären, diese Frage ist sinnlos, man darf sie nicht stellen, denn darauf gibt es keine zureichende oder befriedigende Antwort.

Aber es gehört zum Menschen, Fragen zu stellen und sich durch kein Frageverbot beirren oder entmutigen zu lassen. Der Mensch würde nicht fragen, hätte er keine Ahnung von dem, wonach er fragt. Andererseits würde er nicht fragen, wüßte er bereits die Antwort rundherum und erschöpfend. Die Frage: Wozu leben wir? gibt deshalb auch schon die Richtung einer Antwort an.

Ich will eine erste Antwort versuchen. Sie lautet: Wir leben, damit wir werden, was wir sind: Menschen.

Das heißt näherhin: Wir sind nicht ein für allemal fertig, wir sind ein Entwurf, den wir ausführen müssen, wir sind eine Möglichkeit, die wir zur Entfaltung bringen sollen. Dazu brauchen wir das Leben, wir brauchen die Zeit als Weg. In dieser Zeit wollen wir verwirklichen, was uns zum Menschen macht: unser Erkennen, unser Wollen, unser Lieben, unsere Freiheit, unsere Verantwortung, unseren Beruf, unsere Stellung in der Gesellschaft.

Eine weitere Antwort sei hinzugefügt: Wir leben, damit die Welt, in der wir leben, eine menschliche Welt sei und werde.

Was das bedeutet, erkennen wir vor allem im Negativbild: Wir leben, damit die Welt nicht unmenschlich wird. Und sie wird unmenschlich, zur Welt, in der man nicht leben kann, wenn es in ihr keine Gerechtigkeit, kein Vertrauen, keine Treue, keine Liebe, keine Hoffnung, keinen Frieden, keinen Sinn gibt. Wenn in ihr Haß und Terror, wenn das Recht des Stärkeren, der Wille zur Macht, der bloße Lustgewinn zum Maßstab der Dinge gemacht werden. Daß die Welt menschlich werde, daß Unmenschliches verhindert wird, geschieht nicht von selbst, sondern durch Menschen, durch uns. Und dazu leben wir. Durch all dieses erhalten wir auch Antwort auf die Frage: Was sollen wir tun? Wir sollen Menschen werden, wir sollen daran mitwirken, daß die Welt, in der wir leben, menschlich sei.

Woher nehmen wir das Maß und die Orientierung für das Maß des Menschen und der Menschlichkeit? Wir nehmen es vom Bild des Menschen. Bilder des Menschen gibt es viele, und sie sind außerordentlich verschieden. Es hängt in der Praxis alles davon ab, welches Bild vom Menschen maßgebend ist: Ist der Mensch die blonde Bestie? Das Ergebnis seiner Umwelt? Das Produkt der von außen gesteuerten Einflüsse? Ist er ein „Zigeuner am Rand des Universums"? Ist er der unbeschränkte Herr und das Maß aller Dinge? Und welches sind die daraus folgenden Lebensziele? Heißen sie Macht, Geltung, Herrschaft, Prestige, Genuß, Lustgewinn?

Im Johannesevangelium gibt es die bekannte Szene, da Pilatus den gegeißelten Jesus mit den Worten vorstellt: „Seht den Menschen" (Joh 19,5). Sicherlich wollte Pilatus damit keine weltanschauliche Aussage über das Bild des Menschen machen. Und doch hat er es faktisch getan. Jesus ist das Bild des Menschen; er ist es, weil er zugleich das Bild Gottes ist. Anstelle einer theologischen Begründung sei ein Wort des Philosophen Karl Jaspers aufgeführt, der in seinem umfassenden Werk „Die großen Philosophen" von den maßgebenden Menschen im Raum der Weltgeschichte spricht. Dabei nennt er Jesus den „maßgebendsten Menschen"; denn – so lautet die Begründung – „Jesus steht an einem Ort, wo nichts ist als Liebe und Gott".

Christsein heißt Jesus nachfolgen, in seine Existenzweise eintreten, sich von dem bestimmen lassen, was ihn bestimmt: von Gott, den Jesus seinen Vater nennt, dessen Willen zu tun seine Speise ist, in dessen Hände er sein Leben gibt. Christsein heißt sein Leben als Geschenk von Gott verstehen, das in Gott sich vollendet. Durch ein so gestaltetes Leben wird die menschliche Welt in die Nähe des Reiches Gottes geführt, da Gott „alles in allem" ist (1. Kor 15,28). Dann werden wir ganz bei uns selbst sein.

Christsein heißt Jesus nachfolgen. Sein Leben, das ganz erfüllt war durch die Hingabe an Gott, war in gleicher Weise bestimmt durch die Hingabe an die Menschen. Das Leben Jesu, das in Gott, seinem Vater, der alles bestimmenden Wirklichkeit gründete, ist ebenso geprägt durch das Dasein für andere. Jesus lehrt und lebt das Ineins von Gottes- und Nächstenliebe. Die Nächstenliebe ist der Erweis der Gottesliebe. Die Nächstenliebe bewahrt vor jener Täuschung, die Léon Bloy so beschrieb: „Weil sie niemand lieben, sagen sie, daß sie Gott lieben.“ Die Liebe zu Gott aber ist die unerschöpfliche Kraft der Nächstenliebe: Es ist Jesus getan, was den Geringsten der Menschen getan ist.

Eine letzte Antwort auf die Frage: Wozu leben wir? lautet: Wir leben, um zu leben. Das ist keine Banalität, sondern es will besagen, daß wir nicht leben, um zu sterben. Auch das Sterben steht nach den Aussagen des christlichen Glaubens im Dienst des Lebens. Das „ewige Leben“ ist indes nicht die endlose Verlängerung des diesseitigen Lebens – das wäre entsetzlich –, sondern seine Verwandlung in eine Gestalt von Leben, das den Tod überwunden hat. Es ist ein Leben, das im Zeichen der Auferstehung von den Toten steht. Und wenn wir unser Leben und Sterben wie Jesus in die Hände Gottes empfehlen, dann sinkt es nicht in das Nichts, sondern in das durch Jesu Auferstehung eröffnete Leben.

Wenn wir leben, um zu leben: in diesem endgültigen Sinn, dann kommt auch jenes Leben zu einem Sinn, das sich in diesem Leben nicht erfüllen und vollenden konnte, dessen Tod uns unfaßlich ist und Schmerz bereitet. Das gilt auch für jenes Leben, das, menschlich gesprochen, kaum begonnen hat.

Wozu leben wir? Wir leben, um zu leben. Das ist keine Antwort, die wie ein Patentrezept zu gebrauchen ist. Die Antwort muß immer neu gesucht und gefunden werden. Ihre Wahrheit wird diese Antwort in der Bewährung zu erweisen haben. Das ist möglich, weil es wirklich ist.

## *Vergebung und Forderung*

Da trat Petrus hinzu und sagte zu Jesus: „Herr, wie oft darf mein Bruder gegen mich sündigen, und ich soll ihm vergeben? Bis siebenmal?“ Jesus sprach zu ihm: „Ich sage dir: nicht bis siebenmal, sondern bis siebzigmal siebenmal. Darum gleicht das Himmelreich einem König, der Abrechnung halten wollte mit seinen Knechten. Als er mit der Abrechnung begann, brachte man ihm einen, der ihm zehntausend Talente schuldig war. Da er aber nichts hatte, um zu bezahlen, befahl der Herr, daß er verkauft werde sowie die Frau und die Kinder und all seine Habe und die Schuld bezahlt werde. Da fiel der Knecht vor ihm nieder und bat ihn: Herr, habe Geduld mit mir! Ich will dir alles bezahlen. Und es erbarmte sich der Herr über jenen Knecht, ließ ihn frei und schenkte ihm die Schuld. Als aber jener Knecht hinausging, traf er einen seiner Mitknechte, der ihm hundert Denare schuldig war; er packte ihn, würgte ihn und sprach: Bezahle, was du schuldig bist! Da fiel ihm sein Mitknecht zu Füßen und bat ihn: Habe Geduld mit mir! Ich will dir alles bezahlen. Er aber wollte nicht, sondern ging hin und ließ ihn ins Gefängnis werfen, bis er die Schuld bezahlt hätte. Als nun seine Mitknechte sahen, was geschehen war, wurden sie sehr betrübt, gingen hin und erzählten ihrem Herren alles, was sich zugetragen hatte. Da rief ihn sein Herr zu sich und sprach: Du böser Knecht! Jene ganze Schuld habe ich dir nachgelassen, weil du mich gebeten hast! Hättest du nicht auch deines Mitknechtes dich erbarmen sollen, wie auch ich mich deiner erbarmt habe? Voll Zorn übergab ihn sein Herr den Folterknechten, bis er die ganze Schuld bezahlt hätte. So wird auch mein himmlischer Vater mit euch verfahren, wenn ihr nicht, ein jeder seinem Bruder, von Herzen verzeiht" (Mt 18,21–35).

In diesem Text wird keine Geschichte aus dem Leben erzählt, er enthält vielmehr eine unglaubliche und unmögliche Geschichte. Aber gerade mit ihrem unerhörten Kontrast enthält sie wichtige Aussagen über den Menschen, über sein Verhalten.

Ob diese Aussagen stimmen, können wir nachprüfen, wenn wir eine redliche Bestandsaufnahme von uns selbst vornehmen. Das Evangelium stellt sich dem Test der Verifikation durch uns.

Dabei kann dies bedacht werden:

Der Mensch, das ist in unserem Gleichnis gesagt, ist ein Schuldner. Das heißt: Er steht in vielfältigen Zusammenhängen, Abhängigkeiten, Verdanktheiten. Das gilt im Sinn des bekannten Satzes: „Denn was wir sind, das sind wir anderen schuldig." Wir empfangen immer mehr, als wir geben, und bleiben insofern stets hinter dem Empfangenen zurück und sind deshalb Schuldner. Wir sind Schuldner, das gilt insbesondere dann, wenn wir gegen den Menschen gefehlt haben, durch Ungerechtigkeit, Lieblosigkeit, Egoismus, Aggression, Lüge, Vertrauensbruch.

Unsere Existenz als Schuldner wird dann besonders deutlich, wenn das gestörte oder zerbrochene Verhältnis zum andern nicht durch unseren Willen und unsere Leistung geheilt werden kann, sondern durch das erlösende, befreiende und mächtige Wort, das wir nicht erzwingen, um das wir bitten können, das uns zugesprochen wird, das wir hören dürfen: Die Sache ist wieder in Ordnung, wir wollen Frieden machen, wir wollen uns wieder gut sein.

Das Wort: wir sind Schuldner, weil unsere Existenz empfangen und verdankt ist und weil wir dagegen durch Undankbarkeit und Überheblichkeit verstoßen haben, gilt im umfassenden Sinn im Verhältnis des Menschen zu Gott. Das Wort vom Herrn und Knecht hören wir heute nicht mehr gern. Es stammt aus einer gesellschaftlichen Situation und aus Modellen, die heute überholt sind oder überholt werden müssen. Das ist richtig. Das hindert aber nicht daran, nach der Entflechtung des Herr-Knecht-Modells die bleibende Wahrheit festzuhalten: Wir sind Schuldner in der Form der vielfältigen Verwiesenheit und Verdanktheit. Wir sind und bleiben Geschöpfe, Gott der Schöpfer ist und bleibt der Herr.

Der Text des Evangeliums legt noch einen anderen Gedanken nahe. Er betrifft das darin geschilderte Verhalten der Menschen, des Menschen. Wo wir auf Vergebung angewiesen sind, wo wir in aussichtsloser Lage sind, in Not und Verstrickung, wo wir uns selbst nicht mehr helfen können, sind wir bereit, den Weg der Bitte einzuschlagen, zunächst der Bitte um Geduld und Großmut. Wir verbinden diese Bitte mit der Bereitschaft, „alles zu bezahlen", obwohl wir wissen, daß dies gar nicht möglich ist – das Wort von der Schuld der zehntausend Talente ist das Bild dafür. Aber gerade die Unmöglichkeit, alles bezahlen zu können, was wir schuldig sind, erweckt die Hoffnung, die Hoffnung wider alle Hoffnung, daß uns die Schuld erlassen wird, daß uns das erlösende, freisprechende Wort trifft: „Der Herr hatte Mitleid; er ließ ihn frei und erließ ihm die Schuld."

Aber – nun kommt das Gegenstück –: im selben Augenblick, wo wir frei sind von unserer Schuld, frei, weil sie uns erlassen wurde, wo wir uns selbst als Gläubiger vorfinden, denen andere etwas schulden, allerdings eine Lächerlichkeit im Vergleich zu unserer Schuld, verwandelt sich unser Herz, unsere Miene, unsere Existenz. Wir werden zu Herren und verlangen unser Recht. Wir fordern: bezahle, was du schuldig bist.

Der hundert Denare Schuldende leugnet die Rechtmäßigkeit des Anspruchs nicht, er anerkennt ihn ausdrücklich, aber er appelliert an den Geldgeber mit genau den gleichen Worten, die dieser zuvor gesprochen: „Habe Geduld mit mir, ich will dir alles bezahlen." Es bestand aller Grund, diese Geduld zu erwarten, denn das Versprechen „Ich will dir die Schuld bezahlen“ konnte leicht und bald erfüllt werden.

Aber, so sagt unser Text: „Er wollte nicht, sondern ließ ihn ins Gefängnis werfen, bis er die Schuld bezahlt hatte.“

Ist das eine richtige Beschreibung dessen, wie der Mensch sich verhält und sich verhalten kann? Ist der Mensch so widersprüchlich: dort, wo er der Bittende ist, dort, wo er der Gewährende ist? Kann er so alle Maßstäbe verlieren: zwischen der Unvergleichlichkeit dessen, was er empfangen hat und der Geringfügigkeit dessen, was er gewähren könnte und sollte?

Die im Gleichnis geschilderten Relationen des widersprüchlichen Verhaltens beziehen sich letztlich auf das Verhalten des Menschen, dem Gott die ganze große Schuld erlassen hat und dem er die erlösende Befreiung und die befreiende Erlösung gewährte und der sich gegen seine Mitmenschen mit Berufung auf Recht und Schuldigkeit unbarmherzig erwies, der ihn der gesetzlichen Strafe ausliefert. Aber dieses mögliche paradoxe Verhalten des Menschen kehrt auch im mitmenschlichen Bereich wieder: dort, wo wir etwas für uns wollen, appellieren wir an Geduld und Großherzigkeit; dort, wo wir etwas gewähren, schenken, vergeben sollten, pochen wir auf unser vermeintliches Recht: Bezahle, was du schuldig bist.

Ziehen wir die Konsequenz, die dieses Gleichnis selbst uns nahelegt. Auf die Frage des Petrus: „Wie oft soll ich meinem Bruder vergeben, wenn er gegen mich gefehlt hat? Etwa siebenmal?“ sagt Jesus: „Ich sage dir: nicht siebenmal, sondern siebzigmal siebenmal.“ Das heißt: Du sollst überhaupt nicht zählen und rechnen. Jede Zahl bleibt hinter dem zurück, was du selbst an Vergebung empfangen hast. Du hast immer mehr empfangen, als du je geben kannst.

Und ein zweites: Heute wird viel von Mitmenschlichkeit gesprochen, und manche sagen, darin bestehe das ganze Evangelium. Nach den Worten unseres Gleichnisses ist es so: Unser mitmenschliches Verhalten als radikale Vergebungs- und Versöhnungsbereitschaft ist die Frucht und die Auswirkung dessen, daß wir von Gott Vergebung unserer Schuld und Versöhnung mit ihm erlangten, durch die Hingabe dessen, der, wie Paulus sagt, für uns, anstelle von uns und uns zugute kommend, „zur Sünde gemacht wurde“ (2. Kor 5,21).

Ein weiteres gilt noch – das ist die andere Bewegung –: Unsere Mitmenschlichkeit in den Formen der Vergebung, der Versöhnung, der Liebe oder in der Form des erbarmungslosen Insistierens auf das Recht, „bis die ganze Schuld bezahlt ist", wird der Maßstab dessen sein, was Gott, der über uns Verfügende, uns in Anspruch und Verantwortung Nehmende, der von uns Rechenschaft Fordernde zu uns und über uns spricht.

In diesem Horizont verstehen und realisieren wir vielleicht auf neue und lebendige Weise das uns geläufige Wort: „Vergib uns unsere Schuld, wie auch wir vergeben unsern Schuldigern."

## *Was muß ich tun?*

Als Jesus sich auf den Weg machte, lief einer herbei, kniete vor ihm nieder und fragte ihn: „Guter Meister! Was muß ich tun, daß ich ewiges Leben erlange?" Jesus sprach zu ihm: „Was nennst du mich gut? Niemand ist gut als Gott allein. Du kennst die Gebote: Du sollst nicht töten; du sollst nicht ehebrechen, und du sollst nicht stehlen; du sollst kein falsches Zeugnis geben; du sollst nicht betrügen; ehre deinen Vater und deine Mutter" (Ex 20, 12–16). Der aber entgegnete ihm: „Meister, dies alles habe ich gehalten von meiner Jugend an." Jesus blickte ihn an, und von Liebe zu ihm erfüllt, sprach er zu ihm: „Eines fehlt dir noch; gehe hin, verkaufe alles, was du hast, und gib es den Armen; so wirst du einen Schatz haben im Himmel; dann komm und folge mir nach!" Jener aber war betroffen über dieses Wort und ging betrübt davon; denn er besaß viele Güter. Jesus blickte um sich und sprach zu seinen Jüngern: „Wie schwer werden die Begüterten in das Reich Gottes eingehen!" Die Jünger waren bestürzt über seine Worte. Da wandte sich Jesus nochmals an sie und sprach: „Kinder, wie schwer ist es doch, daß solche, die auf Reichtum bauen, in das Reich Gottes eingehen! Leichter ist es, daß ein Kamel durch ein Nadelöhr geht, als daß ein Reicher in das Reich Gottes eingeht!" Da wurden sie noch bestürzter und sprachen zueinander: „Wer kann dann gerettet werden?" Jesus blickte sie an und sprach: „Bei Menschen ist es unmöglich, aber nicht bei Gott; denn bei Gott ist alles möglich" (Mk 10,17–27).

Wir hätten nicht aufmerksam zugehört, wenn wir diesen Text nicht merkwürdig, ja befremdlich finden würden. Die ganze Szene kommt uns – seien wir ehrlich – überholt, veraltet, wirklichkeits- und weltfremd vor. Das gilt schon für die Frage des unbekannten reichen Mannes: „Guter Meister, was muß ich tun, um das ewige Leben zu erlangen?" Wer fragt heute nach dem ewigen Leben? Wir fragen nach dem Heute und dem Morgen, wir fragen: Wie werde ich glücklich, wie bleibe ich jung und gesund, wie setze ich mich durch? Wie komme ich zu Geld und Prestige, zu Erfolg, Macht und möglichst großem Lustgewinn? Um das ewige Leben machen wir uns keine Sorgen, wir haben mit dem jetzigen, dem diesseitigen genug zu tun. Die Frage nach dem ewigen Leben könnte höchstens von der Gegenwart ablenken und uns dafür untauglich machen.

So überholt wie die Frage erscheint die Antwort: „Halte die Gebote." Und die dann schockierende Auskunft: „Eins fehlt dir noch. Verkaufe, was du hast, und gib es den Armen, und du wirst einen Schatz im Himmel haben, und dann komm und folge mir nach."

Die Antwort ist also einerseits lauter Moral, andererseits eine Überforderung, nämlich: „alles zu verkaufen". Der Zusatz endlich: „Gib es den Armen" stammt aus einer überholten Wirtschafts- und Gesellschaftsordnung, wo man meinte, mit Wohltaten und Almosen die sozialen Probleme zu lösen, wo man keine Ahnung hatte von der Möglichkeit und Notwendigkeit, solche Verhältnisse zu schaffen, daß Gerechtigkeit herrscht, daß Unrecht verschwindet, daß man weder Almosen noch Wohltun, noch großmütige Verzichte braucht wie den vorgeschlagenen: „Verkaufe alles!"

Was sollen wir nun mit unserem alten Evangelium anfangen? Sollen wir eingestehen, daß durch den Abstand von 2000 Jahren der Text eben nicht mehr in die heutige Zeit paßt und kein Wort für die Gegenwart ist? Aber mit welchem Grund und Recht lesen wir ihn heute noch vor und hören wir ihn jetzt noch an?

Pietät und Gewohnheit allein reichen wohl als Begründung nicht mehr aus, und sie werden immer mehr und immer schneller unzureichend werden. Nur dann haben wir das Recht, dann aber auch die Pflicht, das Evangelium zu lesen und zu hören, wenn es ein Wort und eine Botschaft, und zwar eine froh- und freimachende Botschaft für *hier und heute* ist.

Dies ist in der Tat der Fall. Es kommt nur darauf an, diesen Text in unsere Situation und für uns selbst zu *übersetzen.* Und zwar so, daß der Sinn und die Sache des Textes bleibt, aber zugleich an den Ufern unseres Daseins ankommt.

Übersetzen wir die Frage: Was muß ich tun, um das ewige Leben zu erlangen? in die Gegenwart, dann lautet sie: Was muß ich tun, um meinem Leben einen Sinn zu geben? Denn „ewig" im Sinn des Neuen Testaments meint nicht etwas, was erst nach diesem Leben kommt und rein jenseitig wäre, ewig ist vielmehr, was schon für dieses Leben zutrifft. Ewig ist nicht so sehr eine Zeitbestimmung im Sinn einer nie aufhörenden Zeitdauer, ewig ist eine Qualitätsbestimmung. Ewig bedeutet den Tiefgang des Lebens, ewig ist das, was jetzt schon bleibt, was gültig ist, das, woran man sich halten, wovon man jeden Tag leben kann. Ewig ist, was den Ereignissen und Begebenheiten des Lebens standhält, was ihnen eine Bedeutung, einen Zusammenhang, eine Richtung, ein Ziel gibt, was die Bruchstücke zu einem Ganzen fügt. Ewiges Leben ist das gleiche wie erfülltes, wie sinnbestimmtes Leben. In diesem Sinn greift das ewige Leben gewiß über unser jetziges irdisches Leben hinaus, aber es flieht nicht vor ihm, sondern ist mitten in diesem Leben anwesend. Die Frage nach einem solchen Leben ist eine immerwährende und darum auch heute gültige Frage."

Dem ist hinzuzufügen: Die Frage nach dem Sinn ist eine der aktuellsten Fragen der Gegenwart. Wie aktuell sie ist, wird wie im Negativbild deutlich: in den ungezählten Klagen und Äußerungen: Es ist alles so sinnlos, es hat alles keinen Sinn. Die Aktualität zeigt sich in den wachsenden Neurosen und Frustrationen, in den ungezählten Fällen des Scheiterns sowie in den steigenden Selbstmordziffern. Von Sinnlosigkeit aber können wir weder sprechen noch können wir sie beklagen, hätten wir keine Vorstellung von Sinn und Sinnhaftigkeit als Ausdruck jener heilen Welt, die heute oft geschmäht, aber im Grunde ersehnt wird.

Dem ist ein Zweites hinzuzufügen. Die Frage: was muß ich tun, um ewiges Leben zu erlangen, um meinem Leben einen Sinn zu geben? kann nicht beantwortet werden mit dem Hinweis auf das, was wir anfangs genannt haben, also mit Jugend, Gesundheit, Erfolg, Geld, Prestige, Lustgewinn. Denn all diese Dinge, so wichtig sie sein mögen, sind vergänglich. Sie haben keinen Bestand, sie geben keine Antwort auf die Frage: Wozu das alles? Die viel berufene Unruhe, die Protest- und Revolutionsgesinnung der Jugend von heute, ihr Aufstand gegen das, was man das herrschende System nennt, hat gewiß viele Gründe. Und nicht alle Gründe sind gut und gerecht. Aber *einen* Grund dürfen wir nicht übersehen: es ist die Unzufriedenheit, das Ungenügen über das, was viele Menschen zum beherrschenden Ziel ihres Lebens erklärt haben: Wohlstand, Besitz, Reichtum, Profit und Karriere, und dem sie fast zwanghaft zu verfallen drohen.

In einem „Brief an einen General" schreibt der französische

Schriftsteller de Saint-Exupéry – daß der Brief schon dreißig Jahre zurückliegt, nimmt ihm nichts von seiner Wahrheit –: „Ach es gibt nur *ein* Problem, ein einziges in der Welt. Wie kann man den Menschen eine geistige Bedeutung, eine geistige Unruhe geben, etwas auf sie niedertauen lassen, was einem gregorianischen Choral gleicht? Sehen Sie, man kann nicht mehr leben von Eisschränken, von Bilanzen und Kreuzworträtseln – man kann es nicht.“

Das ist die Gegenwartsbedeutung der Frage: Was muß ich tun, um das ewige Leben zu erlangen? Was muß ich tun, um meinem Leben einen Sinn zu geben? An diesem Beispiel wird deutlich, daß das Evangelium auch darin seine Bedeutung und Notwendigkeit hat, daß es Fragen stellt, die nicht vergessen und überspielt werden dürfen, Fragen, die auf die Mitte und das Ganze des Menschen zielen und die die Würde des Menschen ausmachen. Wenden wir uns der Antwort im Evangelium zu. Jesus gibt sie: „Du sollst nicht töten, du sollst nicht ehebrechen, du sollst nicht stehlen, du sollst nicht falsche Zeugenaussagen machen, du sollst niemand berauben, ehre Vater und Mutter.“

Dies – so möchten wir vielleicht wiederum skeptisch und kritisch einwenden – sollen die Antworten auf die Frage nach dem ewigen, nach dem sinnbestimmten Leben sein? Vielleicht wird unser Mißtrauen ein wenig beseitigt, wenn wir die negativ klingenden Verbote ins Positive übersetzen: Du sollst das Leben schützen, du sollst die Treue wahren, du sollst gerecht sein und wahrhaftig, du sollst Achtung vor den Menschen haben.

Diese Gaben und Aufgaben: Schutz des Lebens, Liebe und Treue, Gerechtigkeit, Wahrhaftigkeit, Achtung vor den Menschen tragen zum ewigen Leben, zur Sinngebung des Lebens bei. Das zeigt die Gegenprobe: ohne sie wird menschliches Leben im einzelnen und in der Gemeinschaft ein Fiasko, ein Trümmerhaufen, ein Bündel von Sinnlosigkeit, ein Leben zum Wegwerfen.

Ein anderes ist noch zu bedenken: Liebe, Treue, Gerechtigkeit, Wahrhaftigkeit, Achtung geben unserem Leben festen Grund und gewähren uns Beständigkeit und Ganzheit. Sie können uns durch keine äußeren Ereignisse genommen werden, sie haben vielmehr in ihnen den Raum ihrer Bewährung und Verwirklichung. Sie überbrücken alle Stadien unseres Lebens und gewähren Ganzheit und Zusammenhang. Sie vermitteln uns auch jenes Geschenk, das ein Zeichen von Sinnerfülltheit ist – wie immer unser äußeres Leben verlaufen mag –: sie schenken Frieden, Freude, Beglückung, sie gehen in unser Sterben ein. Von ihnen sind jene Menschen geprägt, die eine Mitte in ihrem Leben haben, Menschen, die Führung und Geleit geben können, an denen wir uns aufrichten, die unsere Hoffnung sind. Sie sind auch die Garanten der Wahrheit, daß das Leben einen Sinn hat, der selbst durch den Tod nicht genommen, sondern bestätigt wird.

In diesem Zusammenhang müssen wir schließlich das Wort Jesu sehen: „Eines fehlt dir noch: verkaufe alles, gib es den Armen und folge mir nach." Auf dieses Angebot ging der Angeredete nicht ein, er ging vielmehr betrübt fort, denn, so sagt der Text, „er hatte große Besitztümer".

In der Tat, der Anruf Jesu war eine unerhörte radikale Zumutung. Wer in gleicher Lage hätte dem Ruf Jesu Folge geleistet?

Für das Verständnis dieses Zusammenhangs scheint mir ein Problem wichtig zu sein. Damit stoßen wir auf die harten und schweren Worte Jesu gegen den Reichtum und zugleich auf den Gegenwartsbezug des Evangeliums. Es kann doch sein, und es ist tausendmal der Fall, daß Besitztum in allen Formen und das Streben nach ihm den Menschen so in Beschlag nimmt, so versklavt, daß er davon restlos aufgezehrt wird, daß er daran sein ganzes Herz und sein ganzes Leben hängt, daß, anders gesagt, Besitztum, Reichtum und seine heutigen vielfältigen Spielarten die Götzen werden, denen der Mensch dient. Götzen, die alles für sich beanspruchen und für nichts und niemand außer ihnen, am wenigsten für Gott als Grund und Ziel des Daseins, Raum und Freiheit gewähren.

Gegenüber einer solchen Versklavung kann es im Einzelfall sinnvoll und notwendig sein zu sagen: Verkaufe alles, damit du wahrhaft frei wirst für dich und andere. Vielleicht war dies die Chance für den Mann, von dem das Evangelium spricht. Franz von Assisi hat so gehandelt, und viele haben es ihm nachgetan. Eines aber ist uns allen gesagt: Wir sollen uns durch den Glanz der Dinge nicht blenden und durch die vielen Götter der Gegenwart nicht versklaven lassen, wir sollen uns aus den vielfältigen Zwängen lösen, wir sollen frei sein und frei werden.

Dadurch und darin sollen wir Jesus nachfolgen: Er ist, weil er ganz für Gott und für die Menschen lebte, der freieste Mensch. Durch seine Armut hat er uns alle reich gemacht. Ihm nachfolgen heißt den Weg der Freiheit gehen, ihm nachfolgen heißt ewiges, sinnerfülltes Leben haben.

# *Glaube, Hoffnung, Liebe*

Als Text für die *Trauung* haben Braut und Bräutigam das Hohelied der Liebe aus dem ersten Korintherbrief gewählt und gewünscht. Dieses Kapitel 13 ist nicht nur ein Höhepunkt im Neuen Testament, es ist auch ein Höhepunkt in den Schriften der Welt. Der Text ist so schön, so reich und so klar, daß man ihm eigentlich nichts hinzuzufügen braucht. Wenn man es tut, läuft man Gefahr, nicht auf seiner Höhe zu bleiben.

Meine Aufgabe kann es deshalb nicht sein, dem Text etwas hinzuzufügen, sondern ihn auf diese Stunde und auf das, was sich hier zwischen zwei Menschen ereignet, auszulegen. Dies soll geschehen, indem die Worte bedacht werden: „Jetzt bleiben Glaube, Hoffnung und Liebe, diese drei, das Größte aber ist die Liebe."

Das „Jetzt", von dem Paulus spricht, darf ich auf diese Stunde beziehen, in der die Stunden eures bisherigen Lebens zusammenlaufen und mit ihnen die Lebenswege und in der ein Neues gesetzt wird: eine neue Stunde, ein neuer Ursprung, ein neues Leben. Das Neue bedeutet ein Abschied vom Bisherigen, und das Neue bedarf der Orientierung. Diese Orientierung hat gewiß viele Möglichkeiten, Formen und Gestalten, eine davon, die unerläßlich ist, ist in dem Wort gegeben: Jetzt bleiben Glaube, Hoffnung und Liebe. In diesem Zeichen kann das Neue begonnen und der Weg in das Unbekannte, das wir Zukunft nennen, beschritten werden.

Was bedeuten diese Worte? Sie bedeuten zunächst etwas, was unter Menschen sich ereignet, was menschliches Leben bestimmt und menschlich macht.

Der Glaube, der bleibt, bedeutet zunächst etwas sehr Persönliches. Er bedeutet: Ich glaube dir, ich glaube an dich. Das: Ich glaube, was der eine zum andern sagt, schließt in sich: Ich vertraue mich dir an, ich lege mein Leben in deine Hand, ich gründe meine Existenz in dir, ich nehme teil an deinem Leben. Glaubend erkenne ich dich immer mehr, glaubend habe ich Gemeinschaft mit deinem Denken und Wünschen, ich sehe mit deinen Augen. Dieser Glaube, der sich gleichsam ganz an den andern weggibt, bringt den Menschen erst zu sich selbst, wer sich scheinbar verliert, gewinnt sich zurück. Ohne diesen Glauben gibt es kein menschliches Leben; ohne ihn gibt es vor allem nicht die Vollendung dieses Lebens in der Ehe. Mit diesem Glauben ist ein Grund gelegt, der trägt und der bleibt.

Die Hoffnung, die bleibt, wächst aus diesem Glauben und ist dessen Frucht – im Blick auf das Künftige, im Blick auf die Zukunft, die in dieser Stunde beginnt. Die Ehe ist ein Leben auf Zukunft hin. Zukunft ist das, was auf uns zukommt, Zukunft ist aber auch das, was wir tun, was wir machen und gestalten. Die Hoffnung ist die eigentliche Tugend des Weges. Sie bringt uns zum Bewußtsein, daß wir unterwegs sind, zum Ziel hin, daß wir nicht vollendet sind, aber die Vollendung zu verwirklichen suchen, daß wir uns gefunden haben, aber immer noch mehr finden wollen. Auch das ist eine tiefe Sinnbestimmung der Ehe: sich gegenseitig helfen, Weggefährten zu sein, auf dem Weg zu bleiben, ein Ziel im Auge haben, sich gegenseitig Mut zu machen, Ausschau zu halten nach den Möglichkeiten, die gerade uns sich eröffnen. Die ganz besondere Hoffnung der Ehe ist es, sich selbst im Wunder eines neuen Lebens weiterzuschenken, im Kind eine Erfüllung der Hoffnung zu sehen und damit den Grund neuer Hoffnung und neuer Zukunft zu stiften.

Die Liebe, die bleibt, bedeutet: für den andern da sein, den andern annehmen wie er ist, dem andern helfen, daß er werde, wer er ist. Liebe bedeutet offen sein, wach sein, hören können, sehend sein. Liebe heißt helfen, Liebe heißt schenken. Liebe heißt Freude bereiten, ein Gespräch führen, heißt verzeihen. Liebe ist die immer neue Bewegung, die den Egoismus sprengt und im Weg zum Du sich selbst findet.

Von der Liebe, die bleibt, heißt es, sie sei das Größte. Sie ist es, weil die Liebe, lieben und geliebt werden, immer wieder ein Geschenk und ein ständiges Wunder ist. Sie ist es, weil sie das Beglückendste und das Schwerste ist: die Vollendung, die dem Menschen gewährt wird, und zugleich die Aufgabe, die immer hinter ihren Möglichkeiten zurückbleibt.

Sie ist das Größte, weil, wie Paulus sagt: die Liebe alles glaubt, alles hofft, alles trägt, weil sie nie aufhört.

Bis jetzt war noch mit keinem einzigen Wort von Gott gesprochen. Haben wir also nicht Entscheidendes vergessen? Sind wir es nicht gewohnt, Glaube, Hoffnung und Liebe als Verhalten zu Gott zu verstehen? Darf man es einfach auf den Menschen hin auslegen?

Die Antwort darauf lautet: wir haben die ganze Zeit von Gott geredet, auch wenn sein Name nicht direkt genannt war. Vom Menschen reden heißt von Gott reden, von Gott reden heißt immer auch vom Menschen reden.

Glaube, Hoffnung, Liebe als menschliches Verhalten ist nur möglich und vollziehbar, weil darin Gott mitgesetzt und mitbejaht ist. Das „Ich glaube an dich, ich glaube dir" darf ich deshalb zu einem Menschen sagen, weil im Menschen ein Grund und eine Treue gelegt ist, die der Mensch nicht gemacht hat, sondern die ihm gegeben ist. Sie ist ihm gegeben, weil dieser Mensch angenommen und bejaht ist, weil er eine unveräußerliche Würde hat. Er hat sie als Bild und Gleichnis Gottes.

Hoffnung darf ich haben, weil ich als Hoffender erschaffen bin, weil ich auf einen bestimmten Weg gewiesen bin, weil ich auf Vollendung, auf ein Leben ohne Ende angelegt bin. Alle menschlichen Hoffnungen sind Zeichen dieser unser ganzes Wesen bestimmenden Hoffnung; sie sind Zeichen jener Zukunft, die Gott heißt.

Liebe ist möglich – und zwar im radikalen, selbstlosen und uneingeschränkten Sinn, weil es im Menschen das Liebenswürdige gibt. Das ist wiederum nicht des Menschen Werk, es ist nicht machbar und nicht erzwingbar, sondern ist das ihm Geschenkte, von einer großen Liebe Geschenkte, das von Gott Geschenkte, der die Liebe ist.

Wenn also diese Worte zur Trauung mit dem Gedanken an Gott enden, dann ist dies weder eine gewohnte Pflichtübung noch ein überflüssiger Schmuck oder Zusatz. Mit Gott ist vielmehr das Tiefste gesagt, was vom Menschen gesagt werden kann. Gott ist der Grund und die Bedingung, die ermöglichende und freimachende Kraft des Menschen, der Grund unseres Glaubens, Hoffens und Liebens; er ist die Kraft der Treue, er ist der Dritte im Bund der Ehe. Gott ist das große Ja zu uns, in dem das Jawort gründet, das in der Ehe gesprochen wird, ein Wort, das so mächtig ist, daß ein Leben und eine Liebe darauf gebaut werden kann. Durch das Ja kommt das Sakrament der Ehe zustande; die tiefste menschliche Gemeinschaft wird in die Wirklichkeit Gottes aufgenommen, des Gottes, der Liebe und Treue ist.

Die Trauung ist eingebettet in die Eucharistiefeier, da Gott in seinem Wort und in seinem Sakrament zu uns spricht, da er ganz der Unsere wird, damit wir werden, wozu wir geschaffen sind: Menschen, die glauben, hoffen, lieben.

Der kranke Mensch, christlich gesehen – das ist ein theologisches Thema. Eine theologische Besinnung vom Menschen erfolgt nicht so, daß sie dem, was man sonst vom Menschen grundlegend wissen kann, noch eine fromme Zutat oder einen verklärenden Schimmer hinzufügt. Die Theologie bringt vielmehr Dimensionen und Tiefen der menschlichen Wirklichkeit zur Sprache, die von keiner Anthropologie sonst erfaßt werden können, die aber beschrieben werden müssen, soll die Wahrheit, die volle Wirklichkeit des Menschen, dargestellt werden.

Wo vom Menschen die Rede ist, ist die Theologie, die Rede von Gott, mit dabei. Denn vom Menschen reden heißt von Gott reden. Von Gott reden heißt auch und wesentlich, wenn auch nicht ausschließlich, vom Menschen reden. Die Wahrheit vom Menschen und von der menschlichen Wirklichkeit ist nicht nur ein Thema der Theologie, sie ist auch ein Siegel für die Wahrheit der Theologie selbst. Der Glaube ist nicht nur eine Überzeugung von dem, was man nicht sieht (Hebr 11,1), er ist auch ein Überzeugtsein von dem, was man sieht. Das will heißen: der christliche Glaube hält der Probe der Wirklichkeit stand, er schleicht sich nicht an der Wirklichkeit vorbei oder von ihr davon, er vernebelt und verschleiert sie nicht, er setzt sich ihr aus und bringt sie umfassend, wesentlich und eigentlich zu sich selbst.

Dieser Anspruch gilt auch für das Thema „Der kranke Mensch – christlich gesehen". Dennoch ist es bemerkenswert, daß gerade angesichts der Krankheit, sowohl für den von ihr betroffenen wie für den darüber urteilenden Menschen die christliche Sicht sich oftmals verstellt oder eintrübt. Angesichts des kranken Menschen sieht sich der christliche Glaube nicht selten einem Feuer von Fragen ausgesetzt, dem der einzelne Glaubende nicht immer standhält. Genauer besehen, ist es jedoch nicht der genuine christliche Glaube selbst, der dabei ins Schwanken gerät, sondern bestimmte Bilder, Vorstellungen und Wünsche, die wir mit dem Gottesbegriff verbinden. Es sind bestimmte Anschauungen darüber, wie Gott zu sein, was Gott zu tun oder zu lassen habe, die die Frage nach dem Warum und Weshalb der Krankheit und des kranken Menschen zu einer Belastung werden lassen, die oft zu einer Krise des Glaubens sich auswächst.

Das Thema „Der kranke Mensch – christlich gesehen" soll durch einige Hinweise verdeutlicht werden.

## I

*Der kranke Mensch ist Geschöpf.* Anders gesagt: am kranken Menschen zeigt sich die Geschöpflichkeit des Menschen überhaupt. Das ist keine Selbstverständlichkeit, sondern eine christliche Sicht, weil der Gedanke der Geschöpflichkeit eine Aussage der christlichen Offenbarung ist. Das will besagen: Der kranke Mensch ist in seiner Krankheit nicht das wie immer verschuldete Produkt unglücklicher Faktoren, innerer oder äußerer Störungen, sondern Geschöpf, das dem verdankt ist, der den Kranken als Menschen erschuf und ihn kraft dieses Geschaffenseins würdigte, sein Bild und Gleichnis zu sein. Das gilt auch und gerade für den kranken Menschen, bei dem oft diese ihm geschenkte und nicht zu raubende Würde wie verdeckt und verschleiert oder gar wie erloschen erscheint. Aber sie ist es nicht, sie ist da und bleibt gegenwärtig. Die christliche Sicht des Kranken hat dies zu sehen und sich hier zu bewähren als Überzeugtsein von dem, was man nicht sieht, obwohl dieses Nicht-Sehen und Nichtgesehen-werden-Können die tiefste Wirklichkeit des kranken Menschen ausmacht.

Der kranke Mensch ist Geschöpf. Er hat dabei gerade heute eine stellvertretende Funktion gegenüber vielen Tendenzen – und das ist die andere Seite –, die Geschöpflichkeit des Menschen zu leugnen und die Schöpfungskraft zur Allmacht zu steigern, für die es im Bereich der Machbarkeit keine Grenzen zu geben scheint. Dieser Versuchung der Gegenwart, der gigantischen Wiederholung des „Ihr werdet Gott gleich sein" (Gen 3,5) stellt der kranke Mensch die Wahrheit von der Geschöpflichkeit entgegen, die Wahrheit von der Bedingtheit, der Endlichkeit, der Hinfälligkeit, der Bedrohtheit, der Grenze, die Wahrheit, daß der Mensch gerade nicht alles machen kann, daß ihm Schicksal zustößt, das ihn in seine Ohnmacht verweist, daß über ihn verfügt wird ohne ihn, gegen ihn.

Die Macht des Menschen über die Krankheit ist durch die medizinische Wissenschaft und Technik in bewunderungswürdiger Weise gewachsen, und alle Welt hat täglich Grund, dafür dankbar zu sein. Trotzdem darf man hier ein Wort Jesu variieren: „Kranke werdet ihr allezeit unter euch haben" (vgl. Mt 26,11). Jeder Fortschritt bedeutet zugleich die Erfahrung neuer Grenzen. Sicher aber ist der Tod die unübersteigbare Grenze für die Macht des Menschen, das deutlichste Zeichen der Kreatur, der

Geschöpflichkeit; die Krankheit ist der Vorbote und Platzhalter des Todes.

Der Gedanke: Der kranke Mensch ist Geschöpf, kann mit der Überlegung beschlossen werden: Die Geschöpflichkeit ist Bedingung und Voraussetzung der Krankheit des Menschen, der durch die in ihm gegebene Einheit von Geist – Seele – Leiblichkeit in besonderer Weise gefährdet und ausgesetzt ist. Gott der Schöpfer kann von der Geschöpflichkeit als solcher nicht betroffen werden. Das bedeutet, daß das Leiden des Menschen – und dazu gehört Krankheit als besonders herausgehobener Fall – christlich gesehen, nicht der Widerschein eines tragischen Gottes ist. Gott ist die unzerstörbare Seligkeit zu eigen. Wenn dem nicht so wäre, so gäbe es für den Menschen, zumal für den kranken, keinen Ausweg und keine Hoffnung. Diese Hoffnung wird dann zur Gewißheit, wenn der in sich selbst selige Gott sich des Menschen und der Menschen annimmt.

## II

Die zweite Bestimmung lautet: Der Kranke ist, christlich gesehen, *Person*. Diese Aussage ist eine Verdeutlichung dessen, was vom Kreatursein her schon zur Sprache kam. Dafür kann auch gesagt werden: die Krankheit berührt den Menschen nicht nur von außen oder betrifft nur etwas im oder am Menschen: ein Organ, eine Funktion. Die Krankheit berührt den Menschen im ganzen, als Person. Mit Recht sagen wir deshalb: Ich bin krank, nicht: etwas in mir ist krank. Wir sind auch mit Recht bestürzt, wenn wir die Vokabeln vom „Krankenmaterial" hören oder Formeln wie: Exitus des CA auf Zimmer X. Der Kranke ist kein Fall, sondern Person. Er ist als Kranker ein von Gott mit seinem eigenen Namen Genannter und Gerufener, eine einmalige und unvertretbare Darstellung des Bild- und Gleichnis-Gottes-Seins, er ist durch Geist und Freiheit, durch Selbstbesitz und Subjektivität die höchste Aufgipfelung im Bereich der Welt. Durch all dies hat der Kranke eine Unantastbarkeit, die niemals zum Zweck und Mittel eines wie immer bestimmten anderen gemacht werden kann, die nicht aufgeht in irgendeiner Funktionsbestimmung oder Verwertbarkeit, die von dorther seinen Wert oder seinen Stellenunwert bezieht, die zu dem schrecklichen Wort, zu dem Todesurteil vom lebensunwerten Leben führt. Die Person ist niemals Mittel und Zweck für anderes, alles andere ist vielmehr Mittel und Zweck für die Person. Die Personalität ist um so mehr zu achten, zu pflegen und zu schützen, je mehr sie bedroht und gefährdet ist, wie beim kranken Menschen, zuhöchst bei jenen Kranken, die die Äußerung der Person im Wort, im Beisichsein, kaum oder nicht zu erbringen vermögen. Die Achtung der Person ist die Kraft und der Grund, der die Liebe, die Geduld zum Kranken ermöglicht und täglich neu erschließt. Dadurch gibt es auch die Möglichkeit, die Krankheit personal zu leisten, sich in ihr als Mensch zu vollbringen in Angewiesenheit und Verdanktheit, die Endlichkeit in Freiheit und Gehorsam zu bejahen. Das gilt auch dann und dort, wo die Annahme seiner selbst nicht mehr bewußt vollzogen, sondern nur noch schweigend, dumpf oder gestört erbracht werden kann.

Der Kranke ist – christlich gesehen – Person. Das Personale ist deshalb eine christliche Bestimmung, weil der tiefste Grund des Personalen in Grundaussagen des christlichen Glaubens über Gott und den Menschen liegt. So ist es nicht verwunderlich, daß die deutliche Aussage vom Menschen als Person, und zwar von jedem Menschen, geschichtlich gesehen, an die Tatsache und die Erschließung der christlichen Offenbarung gebunden war und gebunden bleibt.

Die Achtung der Person im Kranken, der Respekt vor dem Kranken als Person kann wiederum eine stellvertretende und ausstrahlende Funktion haben für eine Welt und Zeit, die, um ein Wort Martin Bubers zu gebrauchen, eine Welt der Dulosigkeit geworden ist, eine Welt, in der die Dimension des Ich-Du weithin ausgefallen ist zugunsten der Dimension des Ich-Es, eine Welt nur noch der Objekte, der Apparate, der Administration, die dadurch eine Welt der Kälte und der Finsternis zu werden droht.

## III

Der kranke Mensch kann christlich nicht gesehen und beschrieben werden ohne die Tatsache der *Sünde*. Das gilt selbstverständlich nicht in jenem primitiven Sinn, der absolut sich nicht als christliche Sicht ausgeben darf, als ob das individuelle Kranksein die einfach verrechenbare Folge und Strafe individueller Schuld wäre. Diese Argumentation der Freunde Hiobs wurde schon im Buch Hiob selbst zurückgewiesen, und man sollte meinen, dies sei ein für allemal geschehen.

Trotzdem gilt: Die christliche Sicht des kranken Menschen

kann auf die Tatsache der Sünde nicht verzichten. Denn die Aussage von der Geschöpflichkeit des Menschen als Bedingung seiner Hinfälligkeit erhellt noch keineswegs in allem das Phänomen des Krankseins, sondern ruft die Frage wach: Wie ist das Kranksein des Menschen als Realität möglich, wenn der Mensch Geschöpf des Gottes ist, von dem der christliche Glaube sagt, daß er die Schöpfung in Weisheit, Macht und selbstloser Liebe hervorgebracht habe, von dem es heißt, er sah, daß das Geschaffene gut war? Ist die Krankheit als Beeinträchtigung und Störung, ist der Tod als seine endgültige Zerstörung nicht ein krasser Widerspruch dazu?

Diese immerwährende und nie aufhörende, weil bei jedem kranken und sterbenden Menschen immer neu sich entflammende Frage war die Frage des Alten Testaments. Die Antwort darauf gibt die prophetische Schau in die Vergangenheit, von der die Genesis berichtet, die eine Grundwahrheit des christlichen Glaubens ist: es ist die Aussage von der Sünde des Menschen.

Zu diesem umfassenden Thema sei hier nur folgendes bemerkt: Es gehört zur Bestimmung des Menschen, seine Geschöpflichkeit und damit sein Gott-Verdanktsein, seine Gottzugehörigkeit nicht nur als Bestimmung zu tragen, sondern sie in Geist, Freiheit und Liebe zu bejahen, sie zu bekennen, sich für sie zu entscheiden, sie in Wort und Tat zu realisieren und damit Herz und Mund der stummen Schöpfung zu sein. Damit soll der Mensch nicht nur wiederholen oder auch bestätigen, was ist – in dieser Entscheidung, in diesem Tun soll er sich als Person, als Bild und Gleichnis Gottes vollenden. Der Mensch ist auf Entscheidung angelegt zu dem, wofür er bestimmt ist. Der Mensch kann sich aber auch gegen seine Bestimmung entscheiden; er kann sich seiner Gottbezogenheit und damit Gott selbst verweigern. Diese Entscheidung ist die Grund- und Urgestalt der Sünde, von der die Bibel in intensiver und bildhafter Anschaulichkeit berichtet. Sünde bedeutet: der Mensch nimmt sich als Geschöpf nicht an, er will nicht, daß Gott sei, der Mensch will ganz aus sich selbst, ganz aus dem Eigenen leben. Die Bibel nennt die Sünde deshalb die Verkehrung des Menschen, das Nein und den Widerspruch zu jenem Ja Gott gegenüber, das der Bestimmung des Menschen als Geschöpf und Person entspricht. In der Situation der so verstandenen Sünde befindet sich nicht nur ein einzelner, sondern der Mensch überhaupt, die Menschheit. Das ist im Grund der Sinn der Erbsünde.

Die den ganzen Menschen umgreifende Abkehr von Gott, die darin liegende Verkehrung der menschlichen Grundsituation bleibt – das ist die biblische und christliche Sicht – nicht ohne Konsequenz für die Verfaßtheit des Menschen. Diese ist gestört, sie ist aus der ursprünglichen Ordnung gefallen, weil die Grundordnung zwischen Gott und Mensch gestört ist. Das unverkennbarste Zeichen dessen ist der Tod in den Formen, wie wir ihn kennen und erfahren müssen. Der Mensch, der in die Gott vorbehaltene Grenzenlosigkeit vorstoßen will, erfährt im Tod die schmerzlichste Form seiner Grenzenhaftigkeit. Der Mensch, der in der Abkehr von Gott aus sich selbst, also aus dem Vergänglichen und nach ihm leben will, erfährt im Tod die schlechthinnige Vergänglichkeit. So ist der Tod Sold und Frucht der Sünde (Röm 6,23). Daran nimmt die Krankheit als Vorbote und Platzhalter des Todes teil. Der kranke wie der sterbende Mensch bezeugen – abgesehen von jeder persönlichen und individuellen Schuld – diese Grundbefindlichkeit der menschlichen Existenz: die in die Geschichte des Menschen als Tat des Menschen eingebrochene Sünde als Verweigerung der Kreatürlichkeit und Gottbezogenheit des Menschen. Die in der Krankheit des Menschen, die beim kranken Menschen angetroffene Störung, die Desintegration, der damit verbundene Stachel, das tausendfache Leiden sind das Zeichen und die Manifestation dafür, daß der Mensch das grundlegende Heilsein in Gott verloren hat.

Die Krankheit ist das unübersehbare Zeichen eines nicht von Gott geschaffenen Nichtseinsollenden, damit eines Widergöttlichen und – recht gesehen – Widernatürlichen, von dem gilt: „Im Anfang war es nicht so." Die Bibel verwendet, um diesen Tatbestand zu beschreiben, das Bild vom Zorn und vom Gericht Gottes sowie die Vorstellung, daß sich in Sünde, Krankheit und Tod der Machtbereich und die Herrschaft des personal gedachten Bösen manifestiere, der die Menschen in Ketten schlägt und versklavt.

Die Darlegungen über den Kranken, christlich gesehen, wären falsch verstanden – das sei wiederholt –, wollte man unter dem Aspekt der einzelnen Sünde und ihrer Folgen von der individuellen Krankheit auf individuelle Schuld schließen. Wohl aber ist das Phänomen der Krankheit und des kranken Menschen ein Zeichen für die Sündigkeit des Menschen und der Menschheit überhaupt, also unser aller, auch und vor allem derer, die den Kranken begegnen und sich ihrer annehmen. Hier gibt es eine geheimnisvolle Solidarität, die schlechterdings auf Gnade und Liebe angewiesen ist. Dieses Zeichen hat als Zeichen des „Ecce homo" wiederum eine stellvertretende Funktion für die Menschen überhaupt, die leicht in Gefahr sind, sich selbst zu betrügen, auch in der Wahrheit über die Sünde als einer Grundbefindlichkeit des Menschen, die in dieser Blindheit sich selbst verfehlen: eine Situation, die dann noch schwieriger und hoffnungsloser wird, wenn diese Blindheit als Sehen ausgegeben wird (vgl. Joh 9,41).

## IV

Damit kommen wir zu einer weiteren Bestimmung bei dem Thema: Der Kranke – christlich gesehen. Diese Perspektive heißt: *Erlösung* von der Sünde in Jesus Christus. Erst damit wird die Situation des Menschen im ganzen und im einzelnen erhellt – auch die Situation des kranken Menschen. Was heißt Erlösung durch Jesus Christus? Es heißt, daß sich Gott der Menschheit angenommen, daß er sich für sie eingesetzt, daß er sich in seinem Sohn für uns dahingegeben hat. Jesus Christus hat dabei nicht die Larve und Maske eines Menschen getragen, sondern war voller Mensch, in allem uns gleich, außer der Sünde (Hebr 4,15). Gerade dadurch konnte er von der Sünde erlösen. Der Sinn und die Frucht dieser Zuwendung Gottes zum Menschen besteht darin, daß sich der Mensch als solcher in einer neuen Weise Gott zuwenden kann. Der Mensch ist mit Gott versöhnt, weil Gott die Versöhnung schenkte. Damit ist der eigentliche Stachel der Sünde getroffen und beseitigt. Er ist beseitigt durch die Hingabe des Sohnes Gottes in den Tod, in dem darin zur höchsten Möglichkeit gelangten Ja zu Gott, das die Aufhebung des menschlichen Nein der Sünde ist. Durch die einzigartige und einmalige Verbindung von Gott und Mensch in Jesus Christus ist die gnadenhafte Verbindung von Gott und Menschheit größer und intensiver geworden, als sie jemals war. Damit ist eine neue Situation und Verfaßtheit des Menschen geschaffen. Denn was in Jesus Christus geschah, ist „für uns" geschehen. Das „für uns" hat einen doppelten Aspekt, es heißt „an unserer Statt" und es heißt „uns zugute kommend", auf uns überfließend. Daß ein solches umfassendes „für uns" in Jesus Christus möglich ist, liegt daran, daß er kein beliebiger ist, sondern der neue Menschheitsursprung, der eigentliche Adam, der in einen umfassenden Zusammenhang zu allen Menschen tritt, mit dem andererseits die

Menschen – ob sie es wissen oder nicht – verbunden sind. Jesus Christus ist deshalb das Maß des Menschen, der heile Mensch, der Gott Zugewandte, ganz in Gott Gründende, er ist das Haupt der Menschheit, der dem Menschen die Möglichkeit und Freiheit eröffnet, in ihm und mit ihm Gemeinschaft mit Gott zu haben, mit ihm zu rufen: „Abba, Vater" (Röm 8,15). Ist einer in Christus, dann ist er – nach Paulus – „eine neue Schöpfung, das Alte ist vergangen, alles ist neu geworden" (2. Kor 5,17).

Wirklich? Ist alles neu geworden? Ist nicht vielmehr alles beim alten geblieben? Gibt der Augenschein dem nicht recht? Bestehen nicht Leiden, Krankheit, Tod und Sünde weiterhin fort? Wenn aber dem so ist, ist dann nicht die Erlösung selbst fragwürdig? Die in die Augen springende Unerlöstheit der Welt und des Menschen war etwa für Martin Buber der ständige Einwand gegen die Botschaft des christlichen Glaubens, die nach Buber im Widerspruch stand mit dem Wollen Jesu selbst, den Buber als seinen großen Bruder im Glauben verehrt im Sinn des Wortes: „Der Glaube Jesu eint uns, der Glaube an Christus trennt uns."

Zunächst ist zu sagen: Die Botschaft von Jesus Christus lautet, daß wir in ihm mit Gott versöhnt sind. Jeder, der sich bekehrt und im Glauben sich Christus zuwendet und von ihm das Heil erwartet, erlangt die Vergebung der Sünde, er ist von Gott angenommen. Er hat Frieden mit Gott und damit das ewige Leben, er ist in Gottes Reich versetzt. Damit ist das Entscheidende geschehen, was zwischen Gott und Mensch und damit für den Menschen geschehen kann. Darin besteht die Erlösung. Aber die Frage kehrt wieder: Wo ist hinsichtlich der Leiden, der Krankheit, des Todes die Frucht der Erlösung sichtbar? Wenn die Leiden weitgehend die Folge der Sünde sind, sollten sie nicht mit der Erlösung von der Sünde aufgehoben sein?

Jesus hat nach dem Zeugnis der Evangelien Kranke geheilt und Tote erweckt. Das ist das Zeichen, daß in ihm Gottes Herrschaft und Reich gekommen, schon angebrochen ist. Aber Jesus hat nicht alle Kranken seiner Zeit und seines Landes geheilt. Das ist ein Hinweis dafür, daß Gottes Herrschaft und Reich noch nicht in den Stand der Vollendung gelangt ist, da keine Form des Widerständlichen mehr sich zeigt, da „Gottes alles in allem" ist. Der unwiderrufliche Endstand der Welt und des Menschen steht noch aus. Die Geschichte der Welt, der Weg des Menschen, die Pilgerschaft gehen weiter. Darin bleiben auch Leiden, Krankheit und Tod.

Wenn aber dem so ist, dann liegt darin ein überzeugender Hinweis, daß Leiden, Krankheit und Tod, die zunächst Folgen der Sünden sind, aus dem Zusammenhang des Gottwidrigen herausgenommen werden können und eine andere Qualifizierung bekommen als nur die, Zeichen der Sünde zu sein. Jesus Christus ist nicht am Menschlichen vorbeigegangen, er hat alles Menschliche angenommen, auch und vor allem das Leiden, die Passion, den Tod. Er hat Leiden und Tod zu Zeichen der äußersten Hingabe an Gott und die Menschen gemacht, zu Manifestationen seiner Liebe, zu Stätten der intensivsten Anwesenheit Gottes. Durch diese Annahme sind Leiden und Tod – und damit auch die Krankheit – etwas anderes geworden, als sie ehedem waren. Ihnen ist der Stachel genommen, sie sind Stationen auf dem Weg, der zum Heil führt. Warum dem so ist, warum Gott so handelt, so ganz und radikal anders, als unsere Vorstellungen von Gott es nahelegen, ist ein schlechthinniges Geheimnis, es ist das Geheimnis und die Weisheit des Kreuzes. Die von Luther eindringlich hervorgehobene theologia crucis, die Theologie des Kreuzes, können wir nie genug bedenken. Sie ist eine ständige Korrektur unserer Vorstellungen und Erwartungen von Gott.

Wenn christliches Leben bedeutet Jesus nachfolgen, dann heißt dies konkret: in die Mysterien des Lebens Jesu eintreten, es heißt, auch dem leidenden, dem gekreuzigten Christus nachfolgen, es heißt, mit Christus gekreuzigt werden, mit Christus sterben und begraben werden. Daraus ergibt sich umgekehrt: Leiden und Tod können eine Weise werden, wie Nachfolge Christi im letzten und äußersten geschieht, als ein: „Ich lebe, nein, Christus lebt in mir“ (Gal 2, 20). Aus einem so übernommenen Leiden, das würdig ist, an der Passion Christi teilzunehmen, kann Licht und Segen kommen: eine Vergegenwärtigung der in Christus offenbar gewordenen und gegenwärtigen Liebe.

Der Kranke sollte sich so sehen, und wir sollten ihm helfen, sich so zu sehen. Durch seine Ohnmacht und sein Ausgeliefertsein, durch seine Verlassenheit nimmt der Kranke teil an dem, der verlassen, einsam und ohnmächtig war und der darin das Größte vollbrachte. Und wenn der Kranke diesen glaubenden und gehorsamen Vollzug bewußt nicht oder nicht mehr leisten kann, dann sollten wir erst recht das verborgene Geheimnis Jesu Christi in ihm verehren und auf das aus ihnen uns zukommende Wort Gottes hören.

Zu denen, mit denen Jesus sich identifiziert hat, gehören in besonderer Weise die Kranken. Er hat gesagt – und dies im Zusammenhang mit der Gerichtsrede –: „Ich war krank, und ihr habt mich besucht" (Mt 25,36). In der Konzilskonstitution über die Kirche stehen die Worte: „In den Armen und Leidenden erkennt die Kirche das Bild dessen, der sie gegründet hat und selbst ein Armer und Leidender war, sie sucht Christus in ihnen zu dienen" (I,8).

Mit diesen vom Geheimnis der Person Jesu Christi und der erlösenden Kraft seines Werkes bestimmten Aussage werden Leiden und Krankheit, wird der kranke Mensch neu bestimmt. Das Gespenst des Fluches, der Strafe, der Vergeblichkeit wird ihm genommen. Sein Schicksal wird mit einem Sinn erfüllt, der das Nein zu jeder Verzweiflung oder Absurdität darstellt. Dazu kommt ein weiteres, das aus dem Geschick Jesu Christi abzulesen ist. Es ist die Wahrheit, daß das Leiden, nun weit davon entfernt, Fluch zu sein, Frucht bringen kann; diese Frucht aber heißt Verherrlichung. Über dem Weg Jesu steht das immer wieder begegnende Muß: „Mußte nicht Christus das alles leiden, um so in seine Herrlichkeit einzugehen?" (Lk 24,26). Diese Herrlichkeit ist nicht nur ein zeitliches Nachher, sie ist eine Frucht, die auf diesem Grund reifte.

Daß dem so ist, dafür bürgen nicht nur die Worte Jesu, sondern vor allem das Ereignis seiner Auferweckung von den Toten, die darin liegende Überwindung des Todes und seines Gefolges: Leiden, Not und Krankheit. Diese Tatsache ist Bürgschaft und Grund einer unzerstörbaren Hoffnung und des Glaubens an die Sinnhaftigkeit des menschlichen Lebens, auch und gerade des Lebens des kranken, des leidenden, des sterbenden Menschen. „Christus ist auferstanden, aber mit Wunden, mit Wunden, aber mit verklärten" (J. Bernhart).

So ist, christlich gesehen, der äußere Zustand der Welt und des Menschen kaum verändert, und doch ist alles anders geworden, weil der unsichtbare und zugleich tiefste Grund, weil das Herz aller Dinge verwandelt worden ist aus dem Glauben an Jesus Christus, in Gemeinschaft mit ihm, die im Sakrament, vor allem in Taufe, Eucharistie, Buße und im Sakrament der Kranken besiegelt und vollendet wird. „Der Sold der Sünde ist", sagt Paulus, „der Tod, das Gnadengeschenk Gottes aber ist ewiges Leben in Christus Jesus, unserem Herrn" (Röm 6,23).

Die bange Frage des Warum wird damit in die aus dem Glauben fließende Antwort auf die ungleich wichtigere Frage des Wozu verwandelt: Es geschieht, damit wir mit Christus auferstehen. Wenn wir mit Christus leiden, werden wir mit ihm verherrlicht werden.

## V

Damit kommt eine letzte Perspektive in Sicht. Daß der Mensch aus Glaubensgründen das Leiden ertragen soll und kann, weil er ihm einen verborgenen Sinn zu geben vermag, ist noch nicht das letzte Wort der christlichen Botschaft. Es wird übertroffen von der Aussage, daß der Mensch diese Form der Bewältigung des Leidens nicht beliebig lange zu leisten braucht und auch wohl kaum beliebig lange zu leisten vermöchte. Diese Aufgabe besteht nur für eine Zeit. Ziel der Erschaffung und Frucht der Erlösung ist die wirkliche Überwindung des Leidens, selbst des Todes. Der Mensch ist zu einem *ewigen Leben* ohne jedes Leid bestimmt.

Dieses ewige Leben ist nicht die Fortsetzung des jetzigen Lebens, es ist kein Ereignis der Entwicklung und der Geschichte, es ist die nur mit der Schöpfung der Welt zu vergleichende Gottestat der Weltvollendung, die in der Schrift als neuer Himmel und als neue Erde beschrieben wird (Apk 21,1).

Der Anfang dazu ist gemacht in der Auferstehung Jesu Christi. In ihr sind Leiden und Tod endgültig überwunden. Die Auferstehung Christi ist Gewähr unserer Auferstehung. Das gilt so sehr und geht so weit, daß Paulus sagt, daß Christus nicht auferstanden wäre, wenn nicht auch wir auferstehen würden (1. Kor 15,13).

Der kranke Mensch ist als der zu beschreiben, der, christlich gesehen, für diese Endgültigkeit in der Herrlichkeit bestimmt ist, der im Glauben und in der Hoffnung darauf lebt und sein Geschick trägt.

Erwägt er dieses Ziel all seiner Wege und bemißt er das Maß seiner Leiden, seiner Schmerzen, die bewußte und die dunkle Qual der Krankheit, dann wird er nicht, wie Kirilow aus Dostojewskis Roman „Die Brüder Karamasow" am Tor der Ewigkeit sagen: „Ich gebe die Eintrittskarte zurück, der Preis ist mir zu hoch"; er wird mit Paulus, dem Leiderfahrenen, der auch die Krankheit kennt und sie als Stachel im Fleisch bezeichnet (2. Kor 12,7), erklären: „Nichts kann uns scheiden von der Liebe Christi, weder Tod noch Leben" (Röm 8,38f.) und „Ich halte dafür, daß die Leiden dieser Zeit in nichts zu vergleichen sind mit der künftigen Herrlichkeit, die an uns offenbar werden soll" (Röm 8,18).

Der kranke Mensch, dem so viele irdische Hoffnungen genommen werden, kann und muß stellvertretend für viele, die nur irdische Erfüllung kennen und dabei doch kein Genüge finden, die dem Ekel, dem Unbehagen, der Verdrossenheit verfallen oder in Hoffnungslosigkeit und Verzweiflung stürzen, Träger dieser eigentlichen Hoffnung auf das ewige Leben sein und diese Hoffnung entzünden, eine Hoffnung, die nicht zuschanden wird.

Der Kranke, christlich gesehen, hieß das Thema dieser Besinnung. Diese wurde versucht im Horizont der christlichen Botschaft vom Menschen und seiner Grundbestimmungen: Geschöpflichkeit, Personalität, Sünde, Erlösung, Vollendung.

Diese Bestimmungen sind nicht nacheinander, sondern ineinander und miteinander zu sehen und zu bedenken. Der Erweis ihrer Wahrheit gründet im Wort und Ereignis der uns vermittelten Selbstmitteilung Gottes, er gründet aber auch in der Wirklichkeit des Menschen und des Menschendaseins, gerade auch im Geschick des kranken Menschen und in den Fragen, die dieses Geschick auslöst. Wir sagten, der kranke Mensch sei in besonderer und hervorgehobener Weise Träger dieser Grundbestimmung des Menschen. Es ist der Auftrag derer, denen der Dienst am kranken Menschen aufgetragen ist, diese Grundaussagen zu sehen und in ihrem Licht den Dienst am kranken Menschen zu tun, den Dienst, wie das Mittelalter sagte, der Hände Christi. Es ist unsere Aufgabe, den Kranken zu helfen, soweit sie es vermögen, sich selbst im Licht dieser Wahrheit zu sehen, sie zu bestehen, zu ertragen und zu vollbringen. Oft genug wird es dabei geschehen, daß wir, wenn wir glauben, im Dienst an den Kranken die Gebenden zu sein, uns als die vorfinden, die von den Kranken reich und täglich neu beschenkt werden.

## *Der Tod als Aufgabe*

Der Tod als Aufgabe: Was anders kann das heißen, als daß ich meinen Tod leisten und vollbringen muß. Meinen Tod, das bedeutet: den Tod, der mir selbst bestimmt ist, den Tod, den gerade ich sterben muß, mit allem, was ich bin und habe, den Tod ohne Vorbehalt und Einschränkung. Es bedeutet ferner den Tod, den ich selbst und ich allein zu sterben habe in einer Einsamkeit, mit der keine Einsamkeit im Leben zu vergleichen ist. Daraus erwächst die Aufgabe, daß ich den Tod annehme und übernehme als das sicherste, unentrinnbare Ereignis meines Lebens. Mehr noch, daß ich den Tod anerkenne als erschütternde Darstellung meiner Endlichkeit, meiner Geschöpflichkeit und meiner Ohnmacht. Im Tod habe ich den Niederbruch aller falschen Selbstherrlichkeit anzuerkennen.

Wenn ich aber dies tue, dann kann ich in meinem Tod Gott die Ehre geben. Ich kann mich selbst und mein ganzes Sein in die Hand Gottes zurücklegen, ich kann im Sterben Gottes Heiligkeit, Gerechtigkeit und Majestät preisen und anbeten.

So ist der Tod zweifellos eine Aufgabe des Menschen, sogar seine größte und wichtigste.

Indes kann kein Zweifel sein, daß diese Aufgabe nicht dem Sterben selbst, der Todesstunde, vorbehalten sein kann, weil dies oft genug, ja meistens gar nicht möglich ist. Der Tod als Aufgabe ist deshalb im Leben einzuüben und zu lösen. Nur vom Leben her kann sie in Tod und Sterben noch wirksam und wirklich werden, auch wenn dies nicht in der Wachheit des Geistes und in der Helle des Bewußtseins geschieht.

So ergeben sich vom Tod als Aufgabe ganz bestimmte *Aufgaben für das Leben.* Die erste besteht darin, dem Tod als der sichersten aller Tatsachen und Wirklichkeiten des Daseins standzuhalten, vor ihr nicht auszuweichen, sie nicht zu verdrängen, sondern sie hereinzulassen mitten in unser Leben, in unsern Alltag. Wir leben in den Tag hinein, bis kein neuer Tag mehr da ist, aber wir leben nicht auf den Tod zu. Tod und Sterben sind weithin entöffentlicht und unauffällig gemacht worden – das Leben und die Lebendigen wollen dadurch nicht gestört sein. Die alten Mahnworte „memento mori" sind ersetzt durch die lachenden Reklamen und Parolen: Bleibe jung, lebe länger! Dahinter schlummert die geheime Hoffnung, daß der Tod eines Tages doch noch abgeschafft werden kann. Warum soll dem Fortschritt der Wissenschaft dieser große Schlag nicht gelingen? Warum soll das Kraut gegen den Tod nicht einmal wachsen und hergestellt werden können?

Damit hängt eine weitere Aufgabe zusammen: Ich darf den Tod nicht verfälschen. Das bedeutet: Ich muß die „Trugbilder" des Todes und des Sterbens entlarven und zerstören.

Eines davon ist, den Tod – vom Leben aus – zu bagatellisieren.

Der Gedanke: Was ist das Sterben schon Besonderes, ist es nicht ganz „natürlich"? soll die Angst vor dem Tod nehmen, sie als Lächerlichkeit und Feigheit ausweisen und als einzig sinnvolle Haltung die Gleichgültigkeit, die Nonchalance empfehlen. Epikurs Wort: „Der Tod ist keineswegs zu fürchten; solange du lebst, ist der Tod nicht da, und wenn der Tod da ist, lebst du nicht mehr" wird als der Weisheit letzter Schluß gepriesen und nicht als das erkannt, was er ist: als ein Taschenspielertrick.

Ein weiteres Trugbild vom Sterben ist die falsche Heroisierung. Der Tod wird hier als die große Gelegenheit gepriesen, die den Menschen zum Trotz und zum Heldentum, zum Stolz und zur Entschlossenheit erweckt. Gefaßt und aufrecht, mit Todesverachtung und ohne Sentimentalität will der Mensch in den Tod gehen, sich sogar, wenn es sein muß, in ihn stürzen. Gerade darin aber läßt er, wie es Heidegger paradox und treffend zugleich formuliert, „den Mut zur Angst vor dem Tode nicht aufkommen", und oft genug schlägt dieser falsche Heroismus in ein klägliches Versagen um.

Es ist eine Pflicht der recht verstandenen Menschlichkeit, diesen Trugbildern, diesen vielfältigen Formen der Illusion und Feigheit, diesem „Dasein in der Unwahrheit", dem hier offenkundigen Versagen vor dem Tod zu widerstehen und der unverfälschten Wahrheit und Wirklichkeit des Todes standzuhalten. Und es ist eine weitere Aufgabe des Lebens, in der ständigen Realisierung unserer Existenz, in den verschiedenen Stadien und Stufen des Lebens, die als Übergänge immer auch Untergänge sind, in den Grenzerfahrungen, in die wir eintreten, in Unglück, Leid, Niederlagen, in Krankheit, Einsamkeit, Enttäuschung, im Scheitern, im Abschied, aber auch in allem menschlichen Streben nach Vollendung die Boten und Zeichen des Todes zu erblicken und durch sie mit dem Tod selbst in Kommunikation zu treten.

Wir sagten, der Tod als Aufgabe bedeutet: *meinen* Tod und meinen *Tod*. Daraus ergibt sich als Aufgabe des Lebens ein Mehrfaches: Daß der Tod mein Tod sei, verlangt, daß mein Leben mein Leben sei, daß ich in meinem Leben ich selbst bin. Denn nur so kann ich im Tod ich selbst sein. In meinem Leben habe ich mich als unwiderrufliches, einmaliges Selbst, als Person darzustellen und zu verwirklichen. Dieses Selbst darf ich nicht verraten, preisgeben und verlieren an die Mächte und Einflüsse, die dieses zu entleeren oder zu zerstören drohen: An die Es-Mächte, die heute übergroß geworden sind, an die Masse, die

Technik, die Maschine, die Zerstreuung, die Betäubung, das Tempo, den Fortschritt, die Geschäftigkeit, den Lebensstandard, an die tausend Offerten und den bunten und dröhnenden Jahrmarkt der Welt. Ich muß mit aller Kraft der Innerlichkeit und der Sammlung versuchen, ich selbst zu bleiben und als „dieses Ich selbst“ in Verantwortung zu leben und zu entscheiden.

Wenn aber der Tod mein Tod ist, die Offenbarung über mich selbst, meiner Zeitlichkeit und meiner Schuld, dann folgt daraus für mein Leben, daß ich mich als – endliches – Geschöpf wissen und verhalten muß, daß ich mein Menschsein lebe als von Gott geschenktes und Gott zu verantwortendes Dasein, daß ich Gott zum Herrn meines Lebens mache und seinen Willen zum Maßstab meines Willens erhebe, daß ich aller Selbstherrlichkeit entsage, daß ich in den inneren Entscheidungen und äußeren Ereignissen den Ruf Gottes höre und in der Wachsamkeit meines Gewissens ihm folge, daß ich mein Leben offen und durchlässig halte für Gottes Tun und Handeln. Dann wird der Tod als Ruf Gottes von mir verstanden und im Gehorsam befolgt werden können, im Lichte des Todes werde ich den Dingen des Lebens den rechten Maßstab, Rang und Wert einräumen, ich werde die rechte Form der Weltdistanz gewinnen, ohne die Welt zu verachten.

Hier ist einer letzten Aufgabe noch zu gedenken, die den Christen in besonderer Weise angeht. Der Christ ist überzeugt, daß durch das Sterben Christi mit dem Tod etwas Entscheidendes und für alle Menschen Gültiges geschehen ist. An Christus, der ohne Sünde war, aber die Gestalt des Sünders annahm, ist der Tod als Gottes Gericht über die Sünde vollzogen worden. Aber der gleiche Christus hat den Tod verwandelt, er hat seinen Tod zum Zeichen der höchsten Liebe zu Gott und zu den Menschen gemacht. Am Tod Christi ist aller Welt offenbar geworden, was es mit dem Ernst der Liebe Gottes zu uns ist. Dieser Christus aber, der den schrecklichsten aller Tode starb, weil er das Leben selbst, das Leben in Person ist, hat als Herr des Lebens den Tod zur Pforte eines neuen Lebens gemacht, das nicht mehr sterben kann, sondern das unvergängliche Leben Gottes selbst ist. Zeugnis dessen ist die größte der Heilstaten Gottes: die Auferstehung Christi von den Toten.

Tod und Auferstehung Jesu Christi aber sind „für uns“ geschehen. Dieses „für uns“ bedeutet sowohl an Stelle von uns wie auch als Zuwendung für uns.

Wem aber im Tod das Sterben Christi, der Christustod, zuteil werden soll, für den heißt die Aufgabe: Lebe in Christus! Trage dein Kreuz, stelle es neben das Kreuz Christi und mache es ihm ähnlich. Dann wird dir das Kreuz deines Sterbens ein Zeichen der Liebe, des Heils, der Auferstehung und des ewigen Lebens sein. Über ihm werden die Worte des sterbenden Christus stehen: Es ist vollbracht.

# VI. Christsein und Kirche

## *Christsein nach Paulus und heute*

„Denn ihr alle seid Söhne Gottes durch den Glauben in Christus Jesus; alle nämlich, die ihr auf Christus getauft wurdet, habt Christus angezogen. Da gilt nicht mehr Jude und Hellene, nicht Sklave und Freier, nicht Mann und Frau; denn alle seid ihr eins in Christus Jesus. Seid ihr aber Christi, so seid ihr Abrahams Nachkommenschaft und der Verheißung gemäß Erben" (Gal 3,26–29).

Zu diesem kurzen Abschnitt aus dem Galaterbrief seien ein paar Gedanken vorgelegt. Der Text lautet: „Ihr alle seid durch den Glauben Söhne Gottes in Jesus Christus. Ihr alle, die ihr auf Christus getauft seid, habt Christus angezogen. Da gilt nicht mehr Jude oder Hellene, nicht Sklave und Freier, nicht Mann und Frau. Denn alle seid ihr einer (eins) in Christus."

Der Text bedarf einer kurzen Erklärung. Paulus beschreibt für die Gläubigen in Galatien, einer Provinz Kleinasiens, die christliche Existenz. Dann sagt er, was daraus folgt.

### I

Christsein bedeutet nach Paulus Gott gehören, und zwar dem Gott, der in Jesus Christus in die Geschichte eingetreten ist und in seiner Person sein Wesen, sein Herz, seine Gesinnung, seine Absicht kundgetan hat. Die Zugehörigkeit zu dem Gott in Jesus Christus erfolgt durch den Glauben, das heißt dadurch, daß der Mensch sich ganz Gott anheimgibt, daß er Leben und Sterben auf Gott setzt, daß er Jesus nachfolgt, daß Gott die Mitte seiner selbst wird, die alles bestimmende Wirklichkeit. Paulus umschreibt das mit dem Bild: „Wir sind durch den Glauben Söhne Gottes."

Dieser Glaube empfängt seine Vollendung durch die Taufe, die in der Gestalt eines sichtbaren und wirksamen Zeichens den Menschen mit Christi Leben und Weg, mit seinem Tod und seiner Auferstehung verbindet. Die alte Taufform durch das Untertauchen des Täuflings im Wasser hat den Gedanken an den Tod und die Auferstehung besonders eindrucksvoll dargestellt. Paulus gebraucht das Bild „Durch die Taufe habt ihr Christus angezogen"; er meint angezogen, wie man ein Kleid, ein Gewand anzieht, wodurch man umgeben, umhüllt, aber auch charakterisiert ist. Das heute noch übliche Taufkleid gibt diese Bedeutung zu erkennen, und das bekannte Sprichwort „Kleider machen Leute" bewahrt noch etwas von dieser Bestimmung.

Mit einem Wort: Paulus sagt: Durch Glaube und Taufe wird man ein Christ. Christsein heißt, in jenem Bereich stehen, der durch Christus gegeben ist, Christsein heißt, Christus angehören, sein Leben durch ihn bestimmt, erleuchtet und orientiert sein lassen.

## II

Daraus zieht Paulus eine Folgerung. Sie lautet: „Nun gilt nicht mehr Jude oder Grieche, Sklave und Freier, Mann oder Frau – ihr alle seid einer in Christus."

Das bedeutet: in der christlichen Existenz werden die menschlichen und gesellschaftlichen Unterschiede oder Gegensätze aufgehoben, und zwar in dem Sinn, daß sie nicht einfach verschwinden, sondern so, daß die Unterschiede nicht zu Gegensätzen, zu Feindschaften oder zu Formen der Herrschaft oder der Unterdrückung werden, wie es zur Zeit des Apostels Paulus in der Situation des Freien gegenüber dem Sklaven, des Mannes gegenüber der Frau der Fall war.

Es ist nicht schwer, die damaligen Unterschiede in die Gegenwart zu übersetzen. Wir merken bald, daß sie in gewandelter Form weiter bestehen. Statt Juden und Griechen begegnen uns heute Schwarze und Weiße, die Formen von Herren und Sklaven gibt es heute in vielen Varianten in einer Welt, die einerseits durch Überfluß, Übersättigung und gigantische Technik charakterisiert ist und eine „Wegwerfgesellschaft" wird. Ihr steht eine Welt der Armut, des Hungers, des Existenzminimums gegenüber. Jeder Tag liefert dafür eine Fülle von Anschauung, so sehr, daß wir davon immer noch viel zu wenig bewegt sind. Und was das Verhältnis von Mann und Frau betrifft, so ist gewiß heute die Frau nicht mehr die Sklavin des Mannes, aber die Unterschiede, die Gegensätzlichkeiten, die Spannungen verbleiben auch und gerade im Zeichen der Gleichberechtigung.

Wir können jetzt und hier nicht in eine soziale oder politische Diskussion eintreten, wir wollen beim Nächstliegenden bleiben, bei dem Satz, der die Gemeinde betrifft, die durch Glauben und Taufe konstituiert ist. Da heißt es: „Ihr alle, die ihr glaubt und getauft seid, seid – bei, in und trotz aller Unterschiede einer (eins) in Christus."

Das bedeutet: Die Zugehörigkeit zu Christus schafft Einheit. Er ist gleichsam die Bezugsperson, in dem sich das Getrennte wieder finden kann. Hier gilt das Gesetz: Was in einem Dritten eins ist, wird unter sich eins.

Wir verstehen diese Form von Einheit in Christus, wenn wir sie von anderen Einheitsvorstellungen unterscheiden. Die Einheit in Christus besteht nicht darin, daß der einzelne gezwungen wird, sich selbst aufzuheben nach dem Wort: Du bist nichts – das Ganze ist alles. Vielmehr gilt: Weil Gott in Christus alles ist, deshalb ist der einzelne Mensch alles. Einheit besteht auch nicht darin, daß der eine zum andern sagt: Werde du wie ich bin, denke, wie ich meine, tue, was ich sage – dann sind wir eins. Auch diese Einheit wird um den Preis des einzelnen, um den Preis der Person und ihrer Freiheit erkauft.

Einheit besteht vielmehr darin, daß unter Menschen das Verschiedene, das eine und das andere, der eine und der andere anerkannt, ertragen, bejaht und ausgehalten werden.

Einheit besteht darin, daß sich Menschen anerkennen und zueinander sagen: es ist gut, daß du da bist, daß es dich gibt. Einheit besteht darin, daß sich Menschen verstehen, daß sie fähig sind, einander anzuhören, ein Gespräch zu führen – nicht nur über das Wetter, Auto und Fußball – sondern über Probleme, die sie persönlich betreffen. Einheit besteht darin, daß sich Menschen vertrauen, daß sie füreinander da sind: durch ihre Güte, ihre Hilfe, durch ihr Wort oder auch durch ihr Schweigen. Einheit besteht darin, daß wir Konflikte lösen, daß wir einander verzeihen können, daß wir uns aussöhnen, daß wir einen neuen Anfang setzen, daß wir Frieden stiften, daß wir uns gemeinsam freuen können, daß wir gemeinsam das Schwere, das Leid und die Last des Daseins tragen.

Wir können noch viele Formen aufzählen, worin Einheit besteht und worin sie sich darstellt und wie sie vollzogen werden kann. Das Gesagte mag genügen.

Kehren wir zum Ausgangspunkt zurück. Der Text, über den wir nachgedacht haben, sagt: In Christus gibt es diese Weise der Einheit. Wenn wir in ihm uns finden: in der Einheit des Glaubens an ihn, in der Taufe auf seinen Tod und seine Auferstehung, in der Einheit des Gottesdienstes, des Abendmahls, werden wir unter uns eins sein können. Er ist als unser Erlöser, als das Maß des Menschen, als Ursprung einer neuen Geschichte die Brücke, die uns verbindet. In Jesus Christus, der uns liebt, werden wir uns gegenseitig ohne Unterschied wieder wahrhaft liebenswürdig. In Jesus Christus, von dem es heißt, er sei unser Friede (Eph 2,15), finden wir die Kraft zur Versöhnung. Jesus, unser aller Bruder, ist der tiefste Grund für die Brüderlichkeit der Menschen. Und die Gemeinschaft der Christen in der Gemeinschaft der Kirche sollte ein Hoffnungszeichen und ein Modell für die Einheit der Menschen sein.

## III

In Taizé in Frankreich befindet sich eine Ordensgemeinschaft, die von einem reformierten Geistlichen, von Roger Schutz, vor dreißig Jahren gegründet wurde und heute ungefähr 80 Brüder umfaßt. Sie haben die Regeln der alten Orden auf die Gegenwart übertragen mit der Grundabsicht: nach dem Evangelium leben, Jesus nachfolgen, den Glauben als gute Botschaft vermitteln, Gott loben und preisen. Eine ihrer Grundregeln heißt: „Finde dich niemals ab mit dem Skandal der Trennung der Christen. Habe die Leidenschaft für die Einheit des Leibes Christi." Ebenso bedeutsam ist ein anderer Satz aus der Regel von Taizé: „Wer nicht auf den Menschen zu hören weiß, der weiß auch nicht auf Gott zu hören"; wichtig ist ferner die Zuordnung von Meditation und sozialem Engagement. Der Gemeinschaft gehören heute Brüder der verschiedenen christlichen Konfessionen an. Sie versuchen darzustellen und zu verwirklichen, was Einheit der Christen sein kann.

Das Erstaunliche ist aber folgendes: Seit ungefähr fünf Jahren ist Taizé ohne eigenes Zutun zu einem Treffpunkt der Jugend aus aller Welt geworden. Junge Menschen kommen, um für einige Tage an der Gemeinschaft der Brüder von Taizé teilzunehmen und dadurch selbst Gemeinschaft zu werden, um ihr Leben mit Sinn, Hoffnung und Mut zu erfüllen. Die Brüder stellen sich zur Verfügung für Gespräche, Beratungen, Begegnungen, Feiern. Das besondere Charisma der Brüder von Taizé ist das Hörenkönnen, das Stillewerden, der Versuch, nicht zu indoktrinieren, sondern gemeinsam eine Antwort zu finden.

Der Mittelpunkt auch für die jungen Menschen sind die Gottesdienste in der vor einigen Jahren erbauten Versöhnungskirche, die als Stundengebet und als Eucharistiefeier gehalten werden. Daran nehmen die jungen Menschen teil in einer Sammlung, einer Innerlichkeit und zugleich einer Gemeinschaft im Schweigen, Beten, Hören, Singen, im Singen in mehreren Sprachen und einer Melodie, die nicht nur ein einzigartiges Erlebnis und ein für uns heute kaum mehr vorstellbares Ereignis ist, sondern wie ein Gleichnis dessen erscheint, wie die Einheit der Christen einmal Gestalt annehmen könnte. An Ostern letzten Jahres waren 20000 junge Menschen in Taizé. Daß dies alles kein flüchtiger und vorübergehender Eindruck bleibt, zeigt sich darin, daß die meisten wiederkommen. Diese jungen Menschen haben in der Begegnung mit der Gemeinschaft von Taizé und offen für die Chancen und den Ruf der Gegenwart ein Konzil der Jugend vorbereitet und einberufen. Es wurde Anfang September 1974 eröffnet. Dazu kamen fast 50000 junge Menschen. Das Konzil soll mehrere Jahre dauern.

Dieses Konzil steht unter folgender Botschaft, die in einem Brief von Ostern 1970 an die Jugend vermittelt wird: „Wir haben die Idee von jungen Menschen aus fünf Kontinenten wirklich zu verstehen versucht. Wir haben gesehen, daß sehr viele nach Gott verlangen. Zugleich wollen sie sich entschieden immer mehr für den Dienst am Menschen einsetzen. Es geht für sie um alles oder nichts. Wenn sie Christus begreifen, dann vor allem als Leben. Wenn sie die Kirche begreifen, dann als schöpferische Kraft.

Was wir am stärksten herausgehört haben: Viele erwarten einen Aufbruch, unbelastet von Konventionen, in dem sie sich so weit wie nur möglich für Christus engagieren; einen Aufbruch, der ihre Energie freisetzt und sie dynamisch und schöpferisch macht, damit die Erde bewohnbar wird. So kann sich die von Haß geprägte Gewalt noch in eine ‚Gewalt des Friedens' verwandeln.

Die Nachricht, die wir euch nun bekanntgeben, ist eine Oster-Nachricht. Sie lautet:

Der auferstandene Christus kommt, um im Innersten des Menschen ein Fest lebendig werden zu lassen. Er bereitet uns einen Frühling der Kirche, einer Kirche, die über keine Machtmittel mehr verfügt, bereit, mit allen zu teilen, ein Ort sichtbarer Gemeinschaft für die ganze Menschheit. Er wird uns genügend Phantasie und Mut geben, einen Weg der Versöhnung zu bahnen. Er wird uns bereitmachen, unser Leben hinzugeben, damit der Mensch nicht mehr Opfer des Menschen sei.

Um diese fröhliche Nachricht zu leben, gibt es ein Mittel, ein Instrument: Wir werden ein Konzil der Jugend verwirklichen."

Wenn man solche Worte liest oder hört, dann bleiben zum Schluß folgende Überlegungen übrig, die wir bedenken sollten: Ist Taizé und was dort geschieht nicht ein höchst eindrucksvoller Beweis für die heute noch gültige Wahrheit unseres Textes: „Ihr alle seid eins in Christus." Ferner: Müssen wir unser Bild, unsere Vorstellung, unser meist negativ gefärbtes Klischee über die Jugend von heute nicht korrigieren? Und endlich: Ist Taizé und was dort geschieht nicht ein Zeichen der Hoffnung für die Christenheit, weil sich junge Menschen, die Träger der Zukunft, dort begegnen und in Christus die Antwort auf die Fragen ihres Lebens erkennen, die Glauben und Evangelium als Freude und Freiheit begreifen?

Diese Hoffnung ist ansteckend. Sie widerlegt das Jammern und Klagen, sie widerlegt das Wort vom Sterben der Kirchen. Lassen wir uns davon in unserem Glauben ermutigen und selbst eine lebendige Gemeinschaft sein nach dem Wort, das Angebot und Aufgabe in sich schließt: „Ihr alle seid eins in Christus."

## *Die Kirche: wozu wir sie brauchen, was sie uns gibt*

Man könnte sich diese Frage als Aufsatzthema für Christen oder für eine christliche Gemeinde denken, und es wäre wahrscheinlich höchst aufschlußreich, zu lesen, was dabei geschehen würde. Bei diesem – angenommenen – Aufsatz könnte man zuerst überlegen: Was braucht der Mensch? Dabei fällt uns sicher eine Menge ein: Der Mensch braucht Gesundheit, Glück, Erfolg, Ansehen, Zufriedenheit, Erholung. Er braucht so viel, daß er wahrscheinlich nie sagen wird: Jetzt ist es genug. Es gibt allerdings Situationen, da sich die vielen Wünsche auf einen reduzieren: Wer krank ist, hat nur den einen Wunsch, gesund zu werden, wer in Todesgefahr ist, hat nur noch den einen Wunsch, zu leben.

Wenn wir nun das Thema angehen: „Die Kirche: wozu wir sie brauchen“ und dabei fragen: Brauchen wir sie für alle Dinge, die wir genannt haben? Die Antwort lautet: Nein. All das bekommen wir ohne die Kirche und ohne sie wahrscheinlich besser. Die Kirche erleben wir oft genug als eine Instanz, die uns nicht gönnt, was wir brauchen, die uns verwehrt, was unser Leben schön und lebenswert macht. Ist die Kirche nicht wie eine Gouvernante mit ständig erhobenem Zeigefinger?

Vielleicht, so könnte man das Thema fortsetzen, brauchen wir die Kirche bei Gelegenheit: Taufe, Erstkommunion, Hochzeit, Beerdigung sind immer noch Ereignisse, bei denen man die Kirche und ihre Dienste in Anspruch nimmt, weil es sich so gehört. Aber diese Inanspruchnahmen der Kirche sind zunehmend rückläufig. Unbestritten sind Weihnachten, Ostern und Pfingsten willkommene Tage, die etwas mit der Kirche zu tun haben und die für Erholung und Freizeit, vielleicht auch für einen schönen, „zu Herzen gehenden Gottesdienst“ willkommen sind. Aber um diese Tage zu behalten, braucht man nicht unbedingt die Kirche.

Wenn der Aufsatz: „Die Kirche: wozu wir sie brauchen, was sie uns gibt“ bis zu diesem Punkt gelangt sein wird, dann ist das Ergebnis ziemlich mager, ja eigentlich deprimierend. Der Kirche könnten wir eigentlich keine großen Chancen und erst recht keine lange Zukunft mehr einräumen.

Sollen wir nun den Aufsatz beenden und uns mit dem Trost abfinden, der in Wirklichkeit keiner ist: Es ist nun eben einmal so, wir können es nicht ändern, wir leben in einer schlimmen Zeit, wir können nur hoffen und beten, daß sie bald vorübergeht?

Aber man könnte sich auch einen Bearbeiter unseres Aufsatzes denken, der erklärt: *Das Thema ist falsch gestellt.* Denn wenn ich frage: Die Kirche: wozu wir sie brauchen, was sie uns gibt? dann stelle ich mir die Kirche wie eine Firma vor, die einige Angestellte und Funktionäre hat, vor allem den Pfarrer, die Bischöfe, den Papst sowie einige kirchliche Mitarbeiter. Diese bieten einen Service an, von dem man nach Belieben Gebrauch machen kann oder nicht.

Wenn ich mir die Kirche so vorstelle, also als Dienstleistungsbetrieb, dessen Angebote immer weniger gefragt werden, dann begebe ich mich in die Rolle eines unbeteiligten Zuschauers, eines distanzierten Beobachters oder eines mehr oder weniger freundlichen Kunden und Konsumenten, der der Kirche und dem die Kirche als Lieferant gegenübersteht. Man kann dann die Firma abschreiben oder wechseln, sobald man mit ihr nicht oder nicht mehr zufrieden ist.

Diese Vorstellung von Kirche ist jedoch verkehrt. Denn: Wer oder was ist die Kirche? Die Kirche ist die Gemeinschaft der Getauften, der Glaubenden, deren Glaube und Leben durch Jesus Christus bestimmt ist, deren Existenz im Evangelium gründet, deren Dasein sich in einem Leben der Gerechtigkeit, der Liebe, des Friedens, der Versöhnung erfüllen soll. Wer Christ ist, kann sich der Kirche nicht distanziert gegenüberstellen. Er ist mitten in ihr, er empfängt nicht nur seinen Glauben von ihr, er trägt auch ihr Leben, ihr Schicksal mit, er prägt das Bild der Kirche, das gute und das negative Bild. Kirche ist das, was die Christen und die Gemeinschaft der Christen einbringen an Glaube, Hoffnung und Liebe, an Gottverbundenheit, an Dienstbereitschaft, an Mitmenschlichkeit. Wenn wir enttäuscht sind über das, was die Kirche uns gibt, dann sollten wir fragen: Kommt dies nicht davon, daß wir zuwenig geben an Leben, an Aktivität, an Bereitschaft, an Inspiration, an Engagement, an Freude. Paulus illustriert dies in dem Bild von der Kirche als dem Leib Christi: „Der Leib hat viele Glieder, und diese haben viele und verschiedene Funktionen. Kein Glied kann zum andern sagen: Ich brauche dich nicht"; alle sind wichtig für das Leben, für die Gesundheit des Leibes, „für die Auferbauung der Kirche, die der Leib Christi ist" (vgl. 1. Kor 12). Ohne Bild gesprochen, heißt dies: Pfarrer, Bischof und Papst sind nicht die Kirche, sie sind Glieder in der Kirche und haben darin bestimmte Dienste und Funktionen; aber ohne den Glauben, ohne das Leben und die Gemeinschaft der Glaubenden vermögen sie nichts.

Wenn wir so denken, bekommt die Frage: „Die Kirche: wozu wir sie brauchen, was sie uns gibt" eine andere Wendung. Dann geht die Frage in diese Richtung: Was brauche ich als Christ, was brauchen wir als Kirche? Die Antwort heißt dann: Wir brauchen einen Glauben, der Jesus nachfolgt, der teilhat an seiner Liebe zu Gott und den Menschen, an seiner Freiheit und an seinem Mut; wir brauchen einen Glauben, in dem wir einen Sinnzusammenhang für unser Leben und für alle möglichen Schicksale und Ereignisse darin gewinnen, wir brauchen einen Glauben, der im Blick auf Jesus und in seiner Kraft Leiden, Unglück und Tod bestehen läßt. Wir brauchen einen Glauben, der unser Leben ändern, neu machen kann, der erkennt, daß „Christus in uns ist, die Hoffnung auf Herrlichkeit" (Kol 1,27).

Heute ist oft eine Haltung und Gesinnung anzutreffen, die Jesus Christus bejaht und anerkennt, aber die Kirche als Institution ablehnt und sich in Gegensatz zu ihr stellt. „Jesus ja – Kirche nein" heißt die Parole. Das ist ein alarmierendes Zeichen. Das weist auf ein Versäumnis der Kirche und der Kirchen hin. Wenn man Jesus außerhalb ihrer sucht, dann ist er offenkundig in ihr zu wenig erkennbar und sichtbar geworden. Dann ist die Kirche in ihrem Sein und Tun zu wenig Leib Christi. Der Tatbestand macht zugleich eine Aufgabe deutlich und dringend. Sie lautet: In den Kirchen, in der Gemeinschaft der Christen muß Christus erkennbar sein, der Geist des Evangeliums, die Gesinnung der Brüderlichkeit, der Wille zur Versöhnung. Dies gilt vor allem denen, die eine besondere Verantwortung tragen: den Pfarrern, den Theologen, den Bischöfen, dem Papst. Die Kirche ist nicht für sie, sie sind für die Kirche da, sie sollen sich nicht selbst so wichtig nehmen, daß der Blick auf Jesus Christus verstellt wird; sie sollen Zeugen und Mittler Jesu Christi sein; ihr Amt ist nicht Herrschaft und Gewalt, sondern Gabe und Dienst.

Es gilt aber auch der andere, nicht genug zu bedenkende Satz: Wenn es einmal keine Kirche und keine Kirchen mehr geben sollte, dann wird auch das Bild Jesu Christi, das gesuchte und geliebte Bild des Menschen immer mehr verschwinden; es würde in der Welt und bei den Menschen vergessen. Erst dann würden wir vermutlich merken, was wir verloren haben. Denn nach welchem Bild sollten wir uns dann richten?

Durch ihre Gegenwart weist die Kirche, weisen die Kirchen auf Jesus Christus hin. Keine Unzulänglichkeit und kein Versagen vermag dieses Zeichen unkenntlich zu machen oder gar zu vernichten.

Die Gedanken dieser Besinnung seien noch einmal zusammengefaßt in einigen Zeilen von Dietrich Bonhoeffer, einem evangelischen Theologen. Er war im Zusammenhang mit den Vorgängen vom 20. Juli 1944, dem Attentatsversuch auf Hitler, verhaftet worden, obwohl er daran nicht beteiligt war. Damals genügte bereits der Verdacht. Im Gefängnis führte er ein Tagebuch, das nach seinem Tod im April 1945 unter dem Titel „Widerstand und Ergebung" veröffentlicht wurde. Dieses Buch ist eines der großartigsten Dokumente christlichen Glaubens und Lebens; es ist heute noch so lebendig wie am ersten Tag.

Im August 1944 schreibt Dietrich Bonhoeffer: „Nicht alle unsere Wünsche, aber alle seine Verheißungen erfüllt Gott, d.h., er bleibt der Herr der Erde, er erhält seine Kirche, er schenkt uns immer neuen Glauben, legt uns nicht mehr auf, als wir tragen können, macht uns seiner Nähe und Hilfe froh, erhört unsere Gebete und führt uns auf dem besten und geradesten Wege zu sich …

Gewiß ist, daß wir immer in der Nähe und unter der Gegenwart Gottes leben dürfen und daß dieses Leben für uns ein ganz neues Leben ist; daß es für uns nichts Unmögliches mehr gibt, weil es für Gott nichts Unmögliches gibt; daß keine irdische Macht uns anrühren kann ohne Gottes Willen und daß Gefahr und Not uns nur näher zu Gott treiben; gewiß ist, daß wir nichts zu beanspruchen haben und doch alles erbitten dürfen; gewiß ist, daß im Leiden unsere Freude, im Sterben unser Leben verborgen ist; gewiß ist, daß wir in dem allen in einer Gemeinschaft stehen, die uns trägt. Zu all dem hat Gott in Jesus Ja und Amen gesagt. Dieses Ja und Amen ist der feste Boden, auf dem wir stehen. Immer wieder in dieser turbulenten Zeit verlieren wir aus dem Auge, warum es sich eigentlich zu leben lohnt. Wir meinen, weil dieser oder jener Mensch lebt, habe es auch für uns Sinn zu leben. In Wahrheit ist es aber doch so: Wenn die Erde gewürdigt wurde, den Menschen Jesus Christus zu tragen, wenn ein Mensch wie Jesus gelebt hat, dann und nur dann hat es für uns Menschen einen Sinn zu leben“ (Widerstand und Ergebung. Briefe und Aufzeichnungen aus der Haft. Herausgegeben von E. Bethge. München 1956, 265–266).

## *Der eine Christus und die vielen Kirchen*

### I

Der eine Christus und die vielen Kirchen – ist das nicht ein Widerspruch? Das muß nicht unbedingt sein. Die vielen Kirchen – damit könnte gemeint sein, daß die vielen Kirchen auf vielstimmige Weise sich zum einen Christus bekennen, ihn bezeugen, sein Wort und das Wort über ihn, sowie das von ihm geschenkte Heil vermitteln. Die Vielstimmigkeit der Kirchen wäre kein Gegensatz zum einen Christus, sondern der Ausdruck einer lebendigen Einheit. Die vielen Stimmen wären dann mehr und eindrucksvoller als nur ein Solo; und die Mehrstimmigkeit eines Liedes, wie es von einem Chor vermittelt wird, wäre reicher als die Einstimmigkeit. Die Einheit wäre gegeben durch die Einheit des Textes und durch jene Einheit, die aus dem Zusammenklang der Stimmen kommt.

Nun ist es keine Frage, daß die vielen Kirchen, denen wir heute begegnen, auch die Vielstimmigkeit in diesem Sinn bezeugen. Die Stimmen wollen in vielfältiger Weise das Lied zum Ausdruck bringen, dessen Thema und Melodie der eine Christus heißt.

Aber so schön und sinnvoll diese Deutung des Themas „Der eine Christus und die vielen Kirchen" sein mag, es ist, so sagt man, zu schön, um wahr zu sein. Denn die vielen Kirchen, denen wir heute begegnen, sind nicht einfach mit den vielen Stimmen in einem Chor zu vergleichen. Und zwar nicht nur deshalb, weil es Dissonanzen gibt, sondern weil sie nicht nur gemeinsame, sondern verschiedene, nicht ganz zusammenpassende Texte singen, weil sie – das ist ein anderes Bild – sich nach Chören getrennt haben und verschiedene Chöre bilden, die gegeneinander antreten und von denen jeder nicht nur behauptet, daß er am schönsten singe, sondern daß er, er allein, den rechten Text des Liedes habe, der andere nicht.

Verlassen wir das Bild und gehen zur Sache: Der eine Christus und die vielen Kirchen stellen immer noch eine Situation dar, die nicht sein soll; die Vielheit der Kirchen ist nicht, noch nicht ein Ausdruck lebendiger Einheit, sondern auch der Gegensatz zu ihr, weil die Kirchen immer noch getrennt sind, wenn auch heute brüderlich getrennt – aber was heißt das?

Es sind Kirchen, die sich lange Zeit und ausschließlich durch das bestimmten, was sie trennt: Katholisch hieß so viel wie nicht evangelisch, evangelisch hieß so viel wie nicht katholisch. Und je mehr diese Unterschiede herausgestellt und gelebt wurden, desto mehr glaubte man seiner eigenen Sache treu zu sein. Solange dieser Zustand und diese Geisteshaltung gelten, solange sind die vielen Kirchen nicht ein Ausdruck von, sondern ein Widerspruch zur Einheit.

Der Gegensatz der Kirchen – statt der Einheit der Christenheit – widerspricht ausdrücklich der Tatsache des einen Christus und der daraus sich ergebenden Einheit, wie es das Gebet Jesu zum Ausdruck bringt: „Laß sie alle – die an mich glauben – eins sein" (Joh 17,20f.).

Die im Gegensatz und Widerspruch zueinander auftretenden Konfessionen sind eines der größten Hindernisse für die Glaubwürdigkeit des christlichen Glaubens. Das ist um so beängstigender, als es in der heutigen Situation um diesen christlichen Glauben als solchen geht: Er wird insgesamt und als Ganzes in Frage gestellt, er wird herausgefordert und angegriffen. Dieser Herausforderung kann nicht die getrennte, sondern die eine Christenheit in ihrem Glauben überzeugend und umfassend standhalten. Anders gesagt: der Chance und Herausforderung dieser Stunde entspricht nur jene Situation, die man so beschreiben muß: Die vielen Kirchen müssen in Vielstimmigkeit den einen Christus bezeugen und vermitteln.

Die Vielheit darf nicht der Gegensatz, sie muß der Ausdruck der lebendigen und universalen Einheit sein. Die christlichen Konfessionen, die so lange Zeit und zum Teil bis zur Stunde Träger der Trennung der Christenheit waren, müssen jetzt und künftig Träger einer legitimen Vielfalt werden, wie wir es in den Kirchen des Neuen Testaments finden: in Jerusalem, Korinth, Antiochien, Rom.

*Einheit in Vielfalt – Vielfalt in Einheit.* Das allein entspricht dem Thema: Der eine Christus und die vielen Kirchen.

Wenn das gesagt wird, dann ist damit zum Ausdruck gebracht, daß die Kirchen noch nicht so weit sind. Zugleich aber ist gesagt, daß sie sich auf den Weg dahin machen müssen und zum Teil auf diesem Wege sich befinden – nicht überall, nicht überall in gleicher Weise und mit gleichen Schritten. Aber die Zeichen dieses Weges auf dieses Ziel hin sind unverkennbar, und die Dynamik wird – trotz allem – stärker.

## II

Wodurch sind dieser Weg und diese Wegbereitung ausgelöst, wodurch sind sie bestimmt worden?

Als erstes nenne ich die Erfahrung, daß die Christen durch Information, Gespräche, lebendige Begegnung sich darüber klar geworden sind, daß die Kirchen und Konfessionen sich nicht ausschließlich durch das bestimmen lassen, was sie trennt, sondern durch das, was ihnen gemeinsam ist. Dieses Gemeinsame ist es mehr als das, was sie trennt, mehr nicht der Zahl, sondern der Bedeutung nach: Es ist der eine Christus, auf den sich die Kirchen als ihren Herrn berufen, es ist die eine Schrift als gemeinsame normative Urkunde von Jesus dem Christus, es ist das gemeinsame ökumenische Glaubensbekenntnis, es ist die eine Taufe, es ist die Gemeinsamkeit im Gebet, es ist eine lange gemeinsame Geschichte.

Aus solchen Erkenntnissen und Erfahrungen ist die ökumenische Bewegung hervorgegangen. Sie entstand aus der Beunruhigung über die Getrenntheit der Christen und der Kirchen. Sie ist bewegt von der Freude über die noch verbliebene Einheit, sie ist geprägt von der Verantwortung für jene Einheit im Glauben, in der es um des Glaubens willen keinen Gegensatz zum Glauben gibt. Die ökumenische Bewegung ist von der Gesinnung beseelt, sich mit dem Bestehenden und Erreichten nicht zufrieden zu geben, sondern nach neuen Möglichkeiten zur Einheit zu suchen und zu tun, was eint. Zwar kann niemand das geschichtlich Geschehene ungeschehen machen, aber der Mensch kann geschichtlich Gewordenes verändern; er kann einen neuen Anfang setzen, und er muß dies um so mehr tun, je mehr er erkennt, daß, was geschehen ist – die Trennung der Christen und der Kirchen –, nicht sein soll. Gewiß ist die Einheit letztlich Geschenk des einen Christus, aber er handelt nicht ohne uns, ohne unsern Glauben, ohne unsere Hingabe.

Es ist bemerkenswert, daß die ökumenische Bewegung, die lange Zeit außerhalb der katholischen Kirche lebte und oft mit Mißtrauen bedacht wurde, nun in ihr eine echte Heimstätte gefunden hat.

Das war nicht zuletzt das Werk von Papst Johannes XXIII. und des von ihm einberufenen Konzils. Das Konzil selbst hat für die Einheit der Kirchen und der Christen entscheidende Weichen gestellt, es hat die ökumenische Aufgabe, die Bemühung, um die Einheit der Christen herzustellen, zu einer seiner Hauptaufgaben gemacht. Das Konzil hat gewiß in der katholischen Kirche eine wahre Verwirklichung der Kirche Jesu Christi gesehen. Aber daraus hat das Konzil nicht, wie es früher üblich war, den Schluß gezogen: also sind die nichtkatholischen Kirchen nicht Kirche. Das Konzil hat vielmehr in der Treue zur eigenen Sache die Kraft zur Anerkennung der anderen Kirchen gefunden und ihnen den Namen Kirchen und kirchliche Gemeinschaften zuerkannt; es hat sie Instrumente des Heils genannt, weil entscheidende Elemente des Heils und des Glaubens, der Heiligung und der Wahrheit dort vermittelt werden. Das Konzil spricht von der freudigen Anerkennung des gemeinsamen christlichen

Erbes; es spricht vom Reichtum Christi und der Geistesgaben im Leben der anderen Christen und Kirchen. Und es werden eine Reihe von Aktivitäten genannt, wo der Ökumenismus eingeübt wird, wo der Grundsatz „tun, was eint" sich verwirklicht.

Den Weg zur Einheit der Kirche kann man nun nicht mehr so bestimmen, wie es früher üblich war: als Schritt zurück, sondern als einen Weg nach vorne, als einen Weg, der die Umkehr aller Christen und aller Kirchen voraussetzt und die Bereitschaft in sich schließt, sich zu erneuern im Blick auf das Evangelium und im Blick auf die Aufgaben der Zeit. Durch Erneuerung zur Einheit, zur Einheit durch Einigung – das ist der Impuls, der vom Konzil ausging, der einen Prozeß auslöste, der mitten im Gange ist. Wie schwer er ist und welcher Geduld er bedarf, davon kann jeder ein Lied singen, der sich an diesem großen Auftrag beteiligt und der glaubt, es aus seinem Auftrag tun zu müssen.

In diesem Prozeß ist schon einiges geschehen: Ich erwähne die Errichtung ökumenischer Sekretariate, Institute und Kommissionen auf verschiedenen Ebenen, den Kontakt zwischen den Kirchenleitungen, zwischen Rom und dem Weltrat der Kirchen, den Theologen, den Ortsgemeinden, den gemeinsamen Christenräten, die Arbeitsgemeinschaft christlicher Kirchen, den Impuls, der von jenen ausgeht, die den Schmerz der Trennung und die Freude des Gemeinsamen erfahren haben.

An greifbaren Resultaten ist festzuhalten: eine weitgehende Einheit der katholischen Kirche mit den orthodoxen Kirchen, die Aufhebung des Schismas, eine Einheit, die so weit geht, daß sie Abendmahlsgemeinschaft möglich macht. Dabei wird darauf verwiesen, daß zwischen orthodoxer und katholischer Kirche eine außerordentliche große Gemeinschaft besteht: in der Lehre, in der Auffassung von den Sakramenten, in der bischöflichen Verfassung und in der Stellung des Amtes und des Priestertums. Die Frage des Primats des Papstes ist noch ungeklärt.

Hier scheint eine Einheit in eine Nähe gerückt, die nicht mehr unerreichtbar erscheint. Die Widerstände dagegen kommen mehr von verschiedenen orthodoxen Kirchen als von Rom. In eine ähnliche Richtung gehen Bemühungen mit der anglikanischen Kirche. Auf evangelischer Seite ist bemerkenswert die Leuenberger Konkordie – als Versuch einer Übereinstimmung zwischen den evangelischen und reformierten Kirchen.

## III

Nicht ebenso leicht erscheint die Möglichkeit einer Einheit und Einigung zwischen katholischer Kirche und den Kirchen, die aus der Reformation im 16. Jahrhundert hervorgegangen sind. Und gerade sie sind unser Problem in Deutschland. Lange Zeit standen diese beiden Konfessionen gegeneinander, daraus entstand viel Not und viel Leid. Aus dem Gegeneinander wurde mit der Zeit ein Nebeneinander, immer mehr soll und kann es ein Miteinander werden. Gibt es Anzeichen dafür?

Es gibt zunächst die Arbeit der Theologen, denen man eine große Schuld an der Trennung zugeschrieben hat. Durch ihre hingebende Arbeit an der Sache, an der Geschichte und am biblischen Ursprung haben sie heute den Nachweis erbracht, daß die Lehrinhalte, die einst zur Trennung der Christenheit führten: die Lehre von der Rechtfertigung, die Lehre von der Einzigartigkeit der Schrift, das Wort „allein", Glaube allein, Gnade allein, heute nicht mehr kirchentrennend sind, d. h. nicht so beschaffen, daß man um ihretwillen in getrennten Kirchen leben muß. Unterschiede der Sprache, des Denkens, der Frömmigkeit bleiben, aber diese sind nicht mehr kirchentrennend. Das ist ein gewaltiger Fortschritt und dürfte nicht ohne Konsequenzen sein, wenn man an das Wort Luthers denkt, daß er dem Papst die Füße küssen wolle, wenn dieser der Lehre von der Rechtfertigung zustimmen würde.

Inzwischen sind an die Stelle der alten strittigen Fragen neue getreten, in denen ein unübersteigbares Hindernis gegeben scheint: Es ist die Lehre von der Kirche, vom Papsttum, die Mariologie, die Lehre vom Amt in der Kirche.

Aber auch angesichts dieser neuen Situation hat die Theologie nicht kapituliert oder sich dem „Unmöglich" angeschlossen: Sie hat diese Bemühung auf internationaler Ebene geführt und in vielen ökumenischen Gruppen und Gremien.

Eine Verständigung bahnt sich an in Einsichten wie den folgenden: Ein höchstes Amt in der Kirche als Amt der Einheit und der Einigung ist möglich und akzeptabel und dies um so mehr, je mehr der Inhaber dieses Amtes seine Aufgabe als Dienst an der Einheit versteht.

In der Mariologie kann es eine Annäherung geben, wenn sie nicht isoliert gesehen wird, sondern im Zusammenhang mit der Christologie und der Lehre von der Erlösung und der christlichen Anthropologie, in der Maria als die erste und vollkommen Erlöste gesehen wird.

Ähnliches gilt von der Lehre vom Abendmahl. Das Wort Luthers in den Schmalkaldischen Artikeln: „So sind und bleiben wir auf ewiglich geschieden“ kann heute nicht mehr aufrechterhalten werden. Die von Luther gesehene Situation ist heute weder theologisch noch liturgisch, noch praktisch mehr gegeben. Das kann nicht ohne Konsequenzen bleiben.

Der Begriff von der „Hierarchie der Wahrheiten“, der auf dem Konzil geprägt wurde, der die Wahrheiten des Glaubens, ohne ihre Gültigkeit zu bestreiten, nicht nur zählt, sondern nach ihrer Bedeutung für Glauben und Heil bestimmt, der von der Mitte des Glaubens spricht und dem, was daraus folgt, ist von großem ökumenischem Gewicht.

## IV

In den theologischen Fragen hat sich immer gezeigt, daß die Frage nach dem Amt in der Kirche, nach der damit verbundenen Frage der apostolischen Nachfolge und die Frage nach der Priesterweihe als Sakrament als wirklich trennende Unterschiede zwischen katholischer und evangelischer Kirche bleiben mit den Konsequenzen für die Feier des Abendmahls.

Die Arbeitsgemeinschaft ökumenischer Universitätsinstitute hat sich um diese Frage bemüht und das Ergebnis ihrer Arbeit in einer Schrift, „Reform und Anerkennung kirchlicher Ämter“, niedergelegt. Die Arbeit kulminiert in der These, daß einer Anerkennung der Ämter theologisch nichts Entscheidendes mehr im Wege steht. Diese Schrift hat auf katholischer Seite vereinzelte Zustimmung gefunden, so bei K. Rahner, W. Kasper, ist aber von der Glaubenskommission der Deutschen Bischofskonferenz und von dieser selbst sehr kritisch beurteilt worden – mit der Aussage, daß die Voraussetzungen für eine Anerkennung kirchlicher Ämter noch nicht gegeben seien.

Zur Verdeutlichung dieser Arbeit, die unter dem Titel „Ämtermemorandum“ bekannt geworden ist, kann folgendes gesagt werden. Intention und Inhalt stimmen grundsätzlich mit den Ergebnissen anderer theologischer Konferenzen, die sich mit dem Thema Amt und Eucharistie beschäftigt haben, überein. Erinnert sei an das Dokument von Malta als Ergebnis der Arbeit einer Theologenkommission, die vom römischen Einheitssekretariat und vom Lutherischen Weltbund berufen war; erinnert sei an das Dokument von Dombes als Niederschlag der Arbeit von katholischen, lutherischen und reformierten Theologen in Frankreich, an die Dokumente der katholischen bischöflichen Kommission und der Lutheraner in Amerika über Amt und Eucharistie. Erwähnt seien die Arbeiten des ökumenischen Instituts in Straßburg, die Überlegungen der ökumenischen Kommission Faith and Order in Löwen (1971) sowie die auf verschiedenen Ebenen geführten Gespräche mit der anglikanischen Kirche. Es ist kein Zufall, daß diese Dokumente zur ungefähr gleichen Zeit zum gleichen Themenkreis Stellung nehmen. Dabei sollen nicht die Unterschiede verkannt werden, etwa derart, daß z. B. die Papiere von Dombes nur von einem Teilkonsens sprechen. Aber entscheidend ist, daß alle darin übereinstimmen, daß das früher ausgesprochene Unmöglich und Niemals – die evangelische Christenheit hat kein Amt, sondern nur das allgemeine Priestertum, die katholische Messe ist Menschenwerk, das das Opfer Christi verdunkelt, deshalb ist das Problem des Abendmahls entschieden – heute nicht mehr aufrechterhalten werden kann. Alle genannten Dokumente richten eine Bitte an die Kirchenleitungen, die aufgeworfenen Fragen zu Amt und Abendmahl zu prüfen und Schritte zu unternehmen, die Sache weiterzuführen. In dem Dokument von Dombes, das im allgemeinen katholischerseits gelobt wird, heißt die Schlußresolution: „Das Bemühen der Kirchen, umzudenken, muß nun zu einem Wort gegenseitiger Anerkennung sowie zu Entscheidungen führen, die sie selbst betreffen und die einen sakramental wie kirchlich bedeutsamen Akt der Wiederversöhnung ermöglichen. Anerkennung und Wiederversöhnung schließen einander ein und fordern sich gegenseitig." Solche Bitten an die Kirchenleitungen wären nicht möglich, gäbe es nicht theologische Gründe dafür, eben jene Gründe, die auch im Deutschen Memorandum bedacht werden. Die Verfasser des Memorandums konnten allerdings nicht wissen, daß die ökumenischen Aktivitäten in der übrigen Welt in Deutschland weithin unbekannt geblieben waren. Das kann ihnen nicht angelastet werden. Sie haben ihre Sache keineswegs als Geheimsache verstanden. Das Memorandum über Reform und Anerkennung kirchlicher Ämter wollte kein Dogma verkünden, sondern in seinen Thesen und Studien ein *Beitrag* zur ökumenischen Diskussion sein.

Endlich: In diesem Buch sollten keine Entscheidungen vorweggenommen, gar in der Form eines Drucks von unten, sondern Überlegungen und Hilfen angeboten werden für mögliche Entscheidungen, Theologie ist eine Funktion und ein Dienst in der Kirche und an der Kirche; aber sie ist nicht mit der Kirche identisch, die Kirche hat mehr Perspektiven und Dimensionen als nur die theologischen. Die verantwortlichen Leiter der Kirche und die Theologen dürfen nicht Konkurrenten sein; sie sind aufeinander angewiesen. Theologen haben keine Leitungs- und Entscheidungsbefugnis. Aber Entscheidungen, die heute getroffen oder nicht getroffen werden, sind auf den Rat, die Hilfe, die Argumente der Theologen angewiesen.

Anerkennung – das sei in diesem Zusammenhang noch gesagt – bedeutet nicht die Preisgabe des Eigenen, der eigenen Tradition, des eigenen Amtes – es bedeutet auch nicht eine Nivellierung oder Fusionierung zu einer kontur- und profillosen Allerweltskonfession. Anerkennung bedeutet, daß in der Treue zum Eigenen das Andere mit neuen Augen und in einem neuen Licht gesehen und gewürdigt werden kann und daß es Gründe gibt, dies zu tun.

## V

Um nicht in der Theologie zu bleiben, sei noch auf folgende ökumenische Fakten hingewiesen: Die neue Regelung in der sogenannten Mischehenfrage; das Ökumenische Pfingsttreffen in Augsburg, das zwar keine unmittelbare Fortsetzung gefunden hat, aber ein wichtiger Schritt auf dem Wege bleibt, hinter den man nicht mehr zurück kann; der Beitritt der katholischen Kirche zur Arbeitsgemeinschaft christlicher Kirchen.

*Die gemeinsame Synode* der Bistümer in der Bundesrepublik hat als eine der durchlaufenden Perspektiven in allen Texten die ökumenische Perspektive herausgestellt, eine eigene Kommission hat sich das Thema Ökumene gestellt. Daraus ist ein inzwischen verabschiedeter Beschluß der Synode geworden: „Pastorale Zusammenarbeit der Kirchen im Dienst an der christlichen Einheit.“ Er enthält einen theologischen und einen praktischen Teil; in diesem werden die Möglichkeiten vor allem für die Kirche und die Ökumene am Ort genannt, die heute gegeben, ja erwünscht sind. Die Grundregel heißt: es soll überall dort gemeinsam gehandelt werden, „wo die Voraussetzungen dafür gegeben sind und nicht Gründe des Glaubens, der Verantwortung für das notwendige Eigenleben der Gemeinden, unumgänglicher menschlicher Rücksichtnahme oder größerer Zweckmäßigkeit dem entgegenstehen". Dann werden die Möglichkeiten der Zusammenarbeit beschrieben: im pastoralen, im kulturell-erzieherischen, im sozial-karitativen und gesellschaftlichen Bereich. Wenn wir diese Möglichkeiten wahrnehmen, vor allem in der Ökumene am Ort, haben wir genug zu tun. Wir dürfen mehr, als wir vermögen.

Wenn diese Ereignisse und Ergebnisse richtig eingeordnet werden, dann stehen sie im Dienst des großen Anliegens, das in dem Thema ausgesprochen ist: Der Eine Christus und die vielen Kirchen. Was in den letzten 15 Jahren ökumenisch geschehen ist an theologischer Einsicht und kirchlicher Praxis, ist mehr, als es irgend jemand erwarten oder erhoffen durfte. Nur deshalb werden wir manchmal ungeduldig, weil wir diese Perspektiven zu wenig berücksichtigen.

## VI

Es gibt aber auch die andere Seite, die besorgt fragt: *Was bleibt noch?* Sind wir nicht in der Gefahr, unsere Identität zu verlieren, in ein Unbekanntes zu steuern, das man dritte Konfession nennt auf der Grundlage eines Minimums, das ohne Profil sein wird? Aus diesem Grund wird die Sehnsucht und der Wille wach, wieder „unter sich zu bleiben", wo man noch genau wußte, woran man war, wo man Sicherheit und Geborgenheit fand, wo man Orientierung für Gestaltung des Lebens und Orientierung in den Entscheidungen hatte. Man malt die Gefahren der Protestantisierung bzw. der Katholisierung an die Wand und hofft damit Wirkung zu erzielen. Deshalb werden die Grenzen wieder ausdrücklich betont und herausgestellt. Es droht die Gefahr eines Marsches ins Getto, was man natürlich nicht so nennt, sondern die Besinnung auf das Eigene unter Beschwörung der guten alten Zeit.

Daneben gibt es heute eine ganz andere Tendenz, der der Weg nach vorne nicht schnell genug gehen kann. Unbedacht und ohne Rücksicht tritt man den Weg in die reine Aktion an, der nichts so wichtig ist, als alle Traditionen abzubauen und beim Nullpunkt anzufangen. Veränderung, Abschaffung und Erneuerung ist ihr oberstes Ziel. Je demonstrativer und plakativer alles gemacht wird, desto mehr findet die Sache Gefallen.

Zwischen diesen vielen heute antreffbaren, extremen Positionen muß es die *Mitte* derer geben, die dem Ganzen und allen

Dimensionen des Ökumenischen verpflichtet, den unverdrossenen und geduldigen Weg nach vorwärts wagen, die von rechts und links angegriffen und mit Vorwürfen bedacht werden – so als gingen sie zu schnell oder sie gingen zu langsam oder träten auf der Stelle. Wer indes von beiden Seiten des Weges angegriffen wird, darf die Zuversicht haben, auf dem rechten Weg zu sein.

Was nottut, ist eine Gesinnung der Großmut, der Toleranz, der Freiheit, der Gesprächsbereitschaft in unseren Kirchen: Diejenigen, die um ihren gelebten Glauben und um die Tradition Sorge haben, dürfen nicht als hoffnungslose Reaktionäre abgeschrieben werden; und diejenigen, die an die Zukunft der Kirche denken und sich dabei ökumenisch engagieren, dürfen nicht als Verräter am Glauben verdächtigt werden. Wir müssen in der eigenen Kirche uns gegenseitig annehmen im Gespräch, im Abbau der Verdächtigungen. Die Annahme und die Bejahung der Vielfalt im eigenen Haus ist wie eine Einübung in die Einheit der Kirche in Vielfalt, die Ziel und Gestalt der ökumenischen Wege und Bemühungen ist.

Es bedarf eines Glaubens, der, um mit Johannes XXIII. zu sprechen, nicht zittert, der die Kraft hat, Spannungen auszuhalten; es bedarf des Mutes zu kleinen Schritten, zur Geduld und zur Absage an die Parole: Alles oder nichts.

Wird dies beachtet, dann brauchen wir keine Sorgen zu haben im gegenwärtigen Umbruch der Zeit. Dann kommt es weder zu einem Marsch ins Getto noch zu einem Weg in die Wüste, es wird vielmehr der Weg bereitet und beschritten, der zum Schicksal und Auftrag des wandernden Gottesvolkes gehört. Dann wird jenes Ziel immer näher gebracht, das die Wanderer auf dem Weg zum gleichen Ziel verbindet: daß die vielen Kirchen nicht in Dissonanzen, nicht in getrennten Chören, nicht mit unvereinbaren Texten, sondern vielstimmig das eine Lied zum einen Christus singen.

## *Pluralismus und Kirche*

Um über das Thema Pluralismus und Kirche sprechen zu können, muß zunächst überlegt werden, was Pluralismus bedeutet. Er bedeutet für den Zusammenhang unserer Frage die Tatsache, daß es heute im Unterschied zu früheren Zeiten nicht mehr eine weltanschauliche und glaubensmäßige Einheit gibt, wie etwa im

Mittelalter, wo in Europa Kirche und Welt eins waren und alle Bereiche des Daseins von den Orientierungen des christlichen Glaubens bestimmt wurden oder wie noch in der frühen Neuzeit, wo die Einheitlichkeit des Glaubens nach der Bestimmung geregelt wurde: Wessen das Land, dessen die Religion. Diese Epoche ist vergangen. Die Welt, in der wir heute leben, ist durch den weltanschaulichen Pluralismus bestimmt. Kirche und Welt, Christentum und Gesellschaft sind längst nicht mehr identisch, sind längst nicht mehr ein und alles, sondern eines unter dem andern, eines unter den vielen, die beanspruchen, eine umfassende Deutung des Daseins zu geben wie die außerchristlichen Religionen oder andere Gestalten des Christentums oder wie der neue Humanismus, der Marxismus, der philosophische Glaube oder der Glaube an Wissenschaft und Technik.

Wie es dazu kam, ist hier nicht weiter auszuführen. Es ist ein langer Weg und vielschichtiger Prozeß. Es muß genügen, den weltanschaulichen Pluralismus als das heute Gegebene anzusehen und zu fragen, wie die Kirche zu diesem Phänomen steht, was es für sie bedeutet, was sie tun soll.

Zuerst sei ein Wort darüber gesagt, *was die Kirche nicht tun soll.*

Zunächst: Die Kirche soll über den Pluralismus, in dessen Bereich sie hier und heute zu existieren und zu wirken hat, nicht jammern, sie soll ihn nicht verdrossen und mißmutig tolerieren, sondern ihn annehmen als die ihr gestellte Herausforderung. Die Kirche soll den Pluralismus ob der in ihm liegenden Irrtümer nicht einfachhin verurteilen. Das ist früher genug geschehen, aber es hat sich gezeigt, daß dies als Wort, Antwort und Verhalten keineswegs genügt und darüber hinaus weithin wirkungslos war.

Die Kirche soll auf die durch den Pluralismus gegebene Herausforderung nicht mit Abwehr, Defensivtaktik, Eingrabung und „Stellungskrieg“ antworten, sie sollen nicht alle Lücken dicht machen und die Kirche als Festung ausbauen. Sie soll auch nicht bei jedem kritischen Einwand auf das apologetische Pedal treten und Dinge, Zustände oder Ereignisse in Vergangenheit und Gegenwart verteidigen, womöglich um jeden Preis. Damit wird sie nur unglaubwürdig. Wahrhaftigkeit und Glaube gehören zusammen.

Die Kirche soll nicht – das folgt aus dem Gesagten – restaurativ und anachronistisch sein. Sie soll nicht versuchen, die vermeintliche alte Herrlichkeit eines geschlossenen christlichen Reiches wieder herzustellen oder etwa dort, wo sie die äußeren Möglichkeiten dazu besitzt, es in der Form einer Staatsreligion regional zu verwirklichen suchen. Was den Kirchen und den Christen klar und selbstverständlich ist, ist es heute keineswegs den andern. Es kann und darf ihnen nicht aufoktroyiert, es muß ihnen als Wort, als Angebot, als Chance und Verheißung vermittelt werden, so daß es verstehbar und einleuchtend sein kann. Sonst entstehen weder Überzeugungen noch Glaubwürdigkeiten, sondern Konflikte und Mißtrauen.

Daraus folgt auch, daß die Kirche niemand anders als eben sich selbst und nur sich selbst zur Vertretung ihrer Sache beanspruchen darf, aber auch braucht. Wie vergänglich und gefährlich andere Stützen sind, hat die Kirche im Lauf der Geschichte schmerzlich genug erfahren müssen.

Daß sie dies oft zu spät und zu widerwillig erkannte, war zumeist ein großer Schaden und Verlust. Desgleichen ist zu sagen, daß die Kirche nicht gut daran tut, sich darauf zu beschränken, Forderungen zu erheben, auf Privilegien zu bestehen im Sinn des: „Das steht mir zu" und dies mit Berufung auf wohlerworbene Rechte und Gewohnheiten durchzusetzen.

Grundsätzlich gilt, daß Kirche und Christen weniger vom Organisatorischen, ungleich mehr aber von der Person, vom einzelnen erwarten sollen, weniger vom Zentralen, mehr von Zentren, weniger von Büros, mehr von Menschen. Es gibt eine zumal im katholischen Denken nicht fremde Vorstellung, die von der Behauptung oder der Änderung äußerer Positionen und Einrichtungen das Heil erwartet. Das ist dann eine Gefahr und Täuschung zugleich, wenn hinter einer ragenden und imponierenden Fassade keine Personen mehr stehen, die das Äußere tragen und zum glaubwürdigen Ausdruck ihrer Verwirklichung machen.

In der Situation des Pluralismus kann es für die Kirche nicht darum gehen, von der Welt sich abzusetzen. Geboten ist vielmehr die glaubende, hoffende, liebende Zuwendung der Kirche zur Welt, im Nachvollzug der Zuwendung Gottes an die Welt, die ihre unüberbietbare Höhe in der Entäußerung des Sohnes Gottes erfahren hat. Geboten ist das Engagement der Kirche für die Menschen, der Wille zur universalen Solidarität, die Bereitschaft zur Mitarbeit daran, daß die Welt eine Menschenwelt werde, daß sie menschlicher werde, daß Gerechtigkeit und Friede auf Erden sei.

Die Grundform des Tuns der Kirche muß der *Dialog* sein, der Mut, in der Treue zu sich selbst in das Gespräch mit der pluralistisch verfaßten Welt einzutreten. Die Kirche braucht die Konkurrenz der Werte und der Normen keineswegs zu scheuen; vor allem nicht den Dialog, der um das Thema aller Themen heute kreist: den Menschen, seine Welt, seine Zukunft. Wo es um den Menschen, seine Welt und seine Zukunft geht, hat niemand Entscheidenderes und Hilfreicheres zu sagen als die Kirche; andererseits kann sie nicht alles sagen, was vom Menschen zu sagen ist.

Das „eine Notwendige" ist nicht identisch mit dem „ein und alles". Deshalb muß die Kirche bereit sein, die umfassenden Erkenntnisse vom Menschen und von der Welt von heute, die die Wissenschaft erbracht hat, zu übernehmen und für ihre Aufgabe integrieren. Denn der Glaube muß auf den konkreten, gegenwärtigen Menschen bezogen sein; wenn er diesen Menschen und die ihn bestimmende Welt zu wenig kennt und berücksichtigt, stößt er ins Leere. Der Dialog der Kirche mit dem Pluralismus der Gegenwart ist deshalb keineswegs dem Gespräch des Arztes mit einem Kranken oder des Lehrers mit dem Schüler gleichzustellen, sondern als gegenseitiger von der Fragesituation bedingter Austausch, als gegenseitige Verwiesenheit zu bestimmen. Der Ertrag wird beiden zugute kommen: der Kirche und der Welt.

In dem Pluralismus der Gegenwart, da Glaube und Kirche nicht mehr vom Milieu, von der Tradition, von einer alles durchdringenden Atmosphäre gehalten sind, wo die Kirche nicht mehr wie lange Zeit selbstverständliche Volkskirche ist, sondern Gemeinde der Glaubenden, kommt es entscheidend darauf an, den Glauben in seiner radikalen Dimension zu erwecken, nicht nur als Für-wahr-Halten von Sätzen zu begreifen, sondern als personale und totale Entscheidung des Menschen, als ein das ganze Dasein umgreifendes Gründen in Gott, in seinem Geheimnis, seinem Wort und seiner Liebe.

Dieser Glaube aber – und das ist ein Neues – muß sich der durch den Pluralismus gegebenen Situation und Fragestellung aussetzen, er muß um die durch den Pluralismus entstandenen Probleme und Schwierigkeiten des Verstehens wissen. Hier wartet auf die Theologie die Aufgabe der Interpretation sowie der Erbringung der Glaubwürdigkeit des Glaubens angesichts der vielfältigen Fragen und Infragestellungen.

Die Theologie kann deshalb nicht nur in die Rüstkammer der bisher erbrachten Antworten greifen, sie muß sich immer wieder neu und ursprünglich öffnen für ihren normgebenden Ursprung sowie für die in Gegenwart und Zukunft gegebenen Probleme. Dadurch wird sie dialogische Theologie. Sie darf und wird deshalb nicht nur nachdenken, sie muß „vordenken", sie muß prospektiv sein.

Der Glaube selbst aber und die Kirche als Gemeinschaft der Glaubenden – und das ist eine große Chance und Aufgabe zugleich – werden glaubwürdig, *glaubhaft durch die Liebe.* Wenn Glaube bedeutet: sich total in Gott gründen, dann wird dies am konkretesten in der Liebe zum Menschen anschaulich. Wo Nächstenliebe verwirklicht wird in der unverfälschten Gestalt ihrer selbst, wo der Mensch in der Realität des Lebens sich zugunsten seines Nächsten selbstlos hingibt und losläßt, sich nichts vorbehält und unter Umständen für den andern sich zu opfern bereit ist, da wird in der Konkretheit des Lebens der Glaube an Gott als Grund einer solchen Liebe glaubwürdig. „Glaubhaft ist nur Liebe", der „Gottesbeweis" ist heute vor allem als „Menschenbeweis" zu führen. Und wenn die Gemeinde der Glaubenden in dieser Form die Gemeinde auch der Lebenden, der Dienenden, der selbstlos Helfenden ist, „Kirche der Armen", dann gewinnt die Kirche inmitten des Pluralismus jene Präsenz, die ihr heute gemäß ist, jene Macht, die als Macht der Liebe sich zeigt.

Der Pluralismus als Phänomen der gegenwärtigen Welt sollte auch – das ist ein notwendiger Gedanke – in der Kirche selbst einen legitimen Pluralismus erwecken als Forderung, die der Stellung der Kirche als Weltkirche zukommt. Die Artikulation des Pluralen stellt in der Kirche einen großen Nachholbedarf dar, nachdem bisher vor allem die Verwirklichung der Einheit gesucht und gewollt wurde. Jetzt ist der Raum frei und die Stunde gekommen für den Pluralismus in der Kirche als echte Pluralität der vielen Dienste, Funktionen, Charismen, Gaben, Glieder, Sprachen, der Initiativen, die Erweiterung der Vertikalen durch die Horizontale, die Ergänzung der Prinzipien durch die Imperative, des Gehorsams durch die eigene Verantwortung, durch die Einübung in das Format einer das Europäische, Abendländische und Mittelalterliche überschreitenden Pluralität, die nicht der Gegensatz, sondern der Ausdruck der Einheit ist, der Widerschein der wahren Katholizität und Ökumenizität.

Diese Besinnung sei mit einem ökumenischen Hinweis von Visser 't Hooft beschlossen. Er erklärt: „Für eine geteilte Kirche ist die pluralistische Weltgesellschaft zu stark." „Ein Christentum", so fährt er fort, „das soviel von seiner Zeit mit internen Konflikten verbringt, hat kein Gefühl für die richtigen Größenordnungen und ist daher unfähig, in der bevorstehenden Auseinandersetzung seine Rolle zu spielen. Andererseits werden die Realitäten der pluralistischen Welt die Kirchen näher zusammenbringen. Die pluralistische Welt wirft uns alle auf die Anfangsgründe unseres Glaubens zurück und zwingt uns, die Welt um uns herum neu in den Blick zu bekommen. Damit kann der Pluralismus eine Gelegenheit bieten für ein neues, geeintes Zeugnis der ganzen Kirche Jesu Christi in der Welt und an die Welt."

## *Mission und Dialog*

Mission bedeutet heute wie immer den Auftrag und die Sendung, das Evangelium Jesu Christi zu vermitteln. Von Mission im engeren Sinn spricht man, wenn man dabei an die Menschen denkt, „die vom Evangelium noch nichts gehört haben", und zwar in der Weise, daß sie ihm in der Form einer Entscheidungssituation begegnet sind.

### I

Von Mission kann man deshalb nur reden, wenn man sich darüber klar wird, was *Evangelium* bedeutet. Evangelium ist die Vermeldung einer guten Botschaft, die Überbringung einer guten Nachricht, die von einem Geschehen, einem Ereignis und vom damit verbundenen, das Ereignis erschließenden und deutenden Wort Kunde gibt. Das Evangelium ist vor allem die Botschaft darüber, was es mit Gott auf sich habe, mit jenem geheimnisvollen Grund aller Wirklichkeit, der namenlos ist und zugleich viele Namen hat, um den die Religionen in ihrem Fragen, Suchen und Sehnen wissen. Evangelium ist die Nachricht darüber, was Gott mit dem Menschen, was der Mensch mit Gott zu tun hat. Das Evangelium ist vor allem auf die Person, das Geschick, das Wort Jesu Christi bezogen, von dem das Johannesevangelium sagt: „Niemand hat Gott je gesehen, der Eingeborene, der am Herzen des Vaters ruht, hat Kunde von ihm gebracht" (Joh 1,18). Das Evangelium ist die Nachricht davon, daß Gott der Vater aller Menschen ist, daß die Menschen in Gott und durch ihn Brüder und Schwestern sind; daß Gott die Liebe ist, daß er sich um die Menschen kümmert, daß er ihnen nahe ist mitten in ihrem Leben, Leiden und Sterben. Das Evangelium ist die Nachricht davon, daß Gott gewiß der ist, der aus Welt, Geschichte und Menschenleben als der allmächtige Schöpfer, als Grund und Ziel von allem, was ist, erkannt werden kann, daß er zugleich aber auch ganz anders ist, als es der Mensch sich denkt und vorstellt. Er ist der Gott, der sich in der Unscheinbarkeit, in der Armut, in der Schwachheit, in der Ohnmacht, im Tod offenbart, in jenem Bereich, dessen Symbol das Kreuz ist.

Das Evangelium als gute Nachricht von Gottes Handeln, Wirken und Kommen, könnte keine Nachricht sein, wenn sie nicht Nachricht und „*Botschaft für*" wäre: für die Menschen. Die Menschen könnten ihrerseits diese gute Nachricht nicht erkennen, wenn sie diese nicht empfangen könnten; und sie könnten diese Nachricht nicht empfangen, wenn sie sie nicht *verstehen* würden. Damit ist bereits die Sache des Dialogs ins Spiel gebracht. Die Botschaft des Evangeliums muß in den Zusammenhang dessen gelangen und gebracht werden, was Menschen wissen, erfahren, denken, wünschen, fragen. Ohne den Beziehungspunkt zum Menschen käme das Evangelium nicht an. Es würde den Menschen nicht betreffen und bewegen, es wäre fremd und beziehungslos. Was soll eine Botschaft, und sei es die beste und die Nachricht über das Beste, wenn sie nicht aufgenommen werden könnte? Und eben dies geschieht in der Form des Wortes, das als menschliches Wort dialogisches Wort ist und als solches zur Antwort werden kann und soll.

Damit ist die Verbindung von *Evangelium und Dialog*, von Mission und Dialog, gegeben. Sie sind ein zusammengehörendes, untrennbares Ganzes. Mission könnte nicht sein, was sie ist und sein will, ohne Korrespondenz, und Korrespondenz ist nicht zu erbringen ohne die Möglichkeit und Fähigkeit des Menschen, zu hören und zu antworten. In der Beziehung Evangelium – Dialog schlägt sich die sonst gebräuchliche Verbindung von Offenbarung und Glaube, von Glaube und Verstehen nieder, die ein unauflösliches Ganzes sind wie Einatmen und Ausatmen.

In dem Zusammenhang von Mission und Dialog wird das Evangelium nicht um sich selbst und seine Besonderheit gebracht, es wird nicht nivelliert und ausgehöhlt zugunsten eines Ergebnisses, über das sich Menschen auf Grund ihrer eigenen Überlegungen und Möglichkeiten von vornherein und unverbindlich verständigen – das Evangelium bleibt vielmehr unverwechselbar es selbst. Aber es wird als eigenes Wort in das Gespräch der Menschen eingebracht, dort soll es zur Wirkung gelangen.

Das Evangelium, das Nachricht von Gott ist, der ein Gott der Menschen ist, ist deshalb eine Nachricht auch vom Menschen und über ihn, der ursprünglich und wesentlich auf Gott bezogen ist, so sehr, daß man sagen muß: Von Gott nicht reden heißt den Menschen verfehlen. Im Dialog der Menschen kommen die Fragen ans Licht und zum Tragen, deren nicht vom Menschen erdachte, aber auf das menschliche Leben bezogene Antwort das Evangelium ist. Die Antwort des Evangeliums tritt damit in die Konkurrenz mit den Worten und Antworten der Philosophien und der Religionen ein, die um Grund, Sinn und Ziel des menschlichen Lebens kreisen und die dort begegnenden Widerfahrnisse von der Geburt bis zum Tod zur Sprache bringen.

Das Evangelium verbindet sich mit dem Dialog der Menschen als Angebot der Erschließung und der Deutung des Daseins sowie der vielfältigen Erfahrungen der Menschen, der Namensgebung für das Namenlose; das Evangelium gewährt sich aber auch als Licht und Orientierung, als Führung und Geleit, als Inspiration für die Gestaltung von Gegenwart und Zukunft. Das Evangelium will durch sein Wort und seine Antwort auf die Frage, die der Mensch ist, den Dialog nicht einfachhin beenden und abschließen. Denn auch das Evangelium ist ein menschlich vermitteltes Wort, das der ständige Ursprung neuer Fragen ist. Überdies erweckt das Evangelium neue Fragen, die der Mensch von sich aus nicht stellt. Das Evangelium offenbart auch und gerade in der Form der Frage die Neuheit seiner selbst und zeigt dadurch, daß es sich als Antwort nicht einfach auf die mit der Frage der Menschen gegebenen Vorentwürfe einschränken und in Verfügung nehmen läßt.

Durch sein Fragen, das bereits ein Verstehen und Erkennen einschließt – denn sonst wäre Fragen nicht möglich –, durch die Erfahrung seines Lebens hat der Mensch ein Verstehen der – unerwarteten – Antwort, die ihm aus dem Evangelium entgegenkommt.

Andererseits erhält das Evangelium und die in ihm enthaltene

Botschaft von Gott und dem Menschen nur dann die Qualität einer den Menschen betreffenden, ihn angehenden, ihn befreienden Botschaft, wenn das Evangelium im Feld dieser Erfahrung und durch diese Erfahrung vorbereitet, erschlossen und zu Wort gebracht wird.

Dieser Vorgang und Vollzug empfängt eine noch ausgeprägtere Konkretion durch die Tatsache, daß es den Menschen als Empfänger des Evangeliums im abstrakten Sinn gar nicht gibt, sondern immer nur den konkreten, geschichtlich und gesellschaftlich verfaßten und kulturell geprägten Menschen.

Je mehr und je konkreter dieser Mensch sich auf den Dialog mit dem Evangelium einläßt und je mehr dieses durch die Mission sich diesen Menschen vermittelt, desto reicher und mannigfaltiger werden die beiderseitigen Erschließungen sein. Wie groß diese sein können, vermögen wir nur zu ahnen, nachdem der bisherige Weg des Evangeliums vor allem ein abendländischer und europäischer Weg war. Und auch dabei war das dialogische Element des Evangeliums, das Gespräch mit dem semitischen, hellenistischen, römischen, germanischen Logos keineswegs in erschöpfender Weise eingebracht. Die dem Evangelium innewohnende Kraft wird durch die dialogische Begegnung mit der Welt Asiens in einer neuen und umfassenden Weise ins Licht treten können und noch mehr realisieren, was das Wort von dem vielfältigen, dem mannigfachen Reichtum Jesu Christi bedeutet (vgl. Eph 3,8).

In den Überlegungen, die bisher geführt wurden und die gezeigt haben, daß die Koordination „Mission und Dialog" darauf bedacht sein muß, daß einerseits das Evangelium nicht ausgehöhlt und verraten wird zugunsten einer Nachricht und Botschaft, die man auch ohne Evangelium haben und hören kann und die die Dialogführenden so beläßt, wie sie sind, daß andererseits der Dialog als Weise, wie das Evangelium ankommt, wie es verstanden und vermittelt werden kann, bewahrt bleibt, kommt ein Gesetz zutage, unter dem das Evangelium von Anfang an angetreten war und unter dem die Geschichte der Evangelisation stand: Es ist die Polarität von Anknüpfung und Widerspruch, von Vertrautheit und Betroffenheit, von Abholung und „führen wohin du nicht willst", von Assimilation und Widerstand.

Immer, wo diese Spannung von Mission und Dialog nicht ausgehalten, sondern zugunsten *eines* Poles radikalisiert wurde, kam es zu falschen, weil einseitigen Lösungen, wo entweder das Evangelium sein Salz, seine Kraft, sein Feuer verlor: in den vielfältigen Formen des Indifferentismus, für den alle Religionen gleich sind, so gleich wie in der Ringparabel in Lessings Drama „Nathan der Weise", gleich wahr, gleich falsch, oder in der Form eines gnadenlosen, tempelzerstörenden Rigorismus, der glaubt, nur auf den Trümmern, Trichtern und Ruinen der Menschen und ihrer Religionen das Evangelium unter Blitz und Donner verkünden zu können. Inwiefern aber dies eine gute Nachricht sein sollte, konnte nie recht einsichtig gemacht werden.

Das nicht gelöste Problem Mission und Dialog, die darin angezeigte als Chance, als Aufgabe, gewiß auch als Schwierigkeit gegebene Spannung, wurde in der Geschichte des Evangeliums in Asien, vor allem in Indien und China, nicht ausgehalten. Und wo es ausgehalten wurde, wie bei Ricci und de Nobili, wurde es bekämpft und schließlich zerstört. Das macht diese Geschichte zum Ort der verpaßten Gelegenheiten, über die man immer wieder beschämt und traurig ist, sooft man sich darin vertieft. Es verbleibt nur die Hoffnung, daß geschichtlich Geschehenes zwar nicht ungeschehen gemacht, daß es aber verändert werden kann in der Kraft besserer Einsicht, tieferen Verstehens, umfassenderen Glaubens, mutigerer Hoffnung, größerer Liebe.

Zur guten Botschaft und zu dem mit ihr verbundenen Dialog gehört es, daß sie auf gute Weise, das heißt in der Form der Freiheit, der Einladung und des Angebots vermittelt wird. Das Evangelium in der Koppelung mit Hochmut, Arroganz, Gewalttätigkeit, Ehrgeiz, Herrschaft, Macht- und Besitzstreben wird um sich selbst gebracht. Das Evangelium wird unglaubwürdig durch die Schuld derer, die sagen, sie stünden in seinem Dienst.

Erst recht wird die gute Botschaft des Evangeliums verfälscht, wenn es in den Dienst von evangeliumswidrigen Interessen gestellt wird, in den Dienst von Herrschaft und Unterdrückung, zur Stabilisierung oder zur Herbeiführung von Systemen und Strukturen, in denen es Herren und Sklaven, Privilegierte und Unterdrückte, Arme und Reiche, Hungernde und Verschwender gibt. Dieser Vorgang und Zustand wird dann besonders verheerend, wenn gesagt wird, diese Unterschiede, Gegensätze, Schranken und Trennungen seien naturgegeben und hätten im Evangelium einen gottgewollten Anhalt und Grund. In diesen faktisch und geschichtlich nicht bestreitbaren Fällen der Missionsgeschichte wird die gute Nachricht zur Waffe der Unterdrückung und Knechtung oder – das ist noch schlimmer, weil heimtückischer – zum vernebelnden, lähmenden, entnervenden Opium des Volkes.

Die Verbindung von Mission und Dialog verlangt, daß der Missionar das Evangelium kennt und liebt, daß er gleichzeitig den Menschen kennt und liebt, dem er das Evangelium zu bringen hat: den in einer konkreten Geschichte, in einem konkreten Volk mit seinem Milieu, mit seiner Sprache und mit den Bedingungen seiner Existenz lebenden Menschen, den Menschen mit den gerade ihm eigenen Fragen, Suchen, Ansprechbarkeiten, Schwierigkeiten, Möglichkeiten. Das biblische Wort „Allen bin ich alles geworden, den Juden ein Jude, den Griechen ein Grieche" (1. Kor 9,20) erwartet eine neue Erfüllung.

Das Evangelium kennen und lieben bedeutet vor allem es in seinem Kern, in seiner Mitte kennen, wie diese in der Bibel als Botschaft von Jesus dem Weg der Wahrheit bezeugt und artikuliert ist, es heißt ferner ein Gespür für die „Hierarchie der Wahrheiten" haben.

Das Evangelium als gute Botschaft kennen und lieben erfordert nicht, daß alle in der Zeit der Kirche bisher ausgetragenen dogmengeschichtlichen Kontroversen mit ihren Spaltungen und Feindseligkeiten mitgeschleppt und importiert werden. Dieser Dienst erfordert vielmehr die Vermittlung der geschichtlich gewonnenen Erkenntnisse, insofern durch sie der Glaube deutlicher ausgelegt wurde. Das Evangelium kennen und lieben heißt ferner nicht Vermittlung aller mit dem Christentum jemals verbundenen geistesgeschichtlichen Kulturen, Zivilisationen, Gesellschaftsformen, Philosophien, es heißt vielmehr die Vermittlung des „Evangeliums ohne Zoll", es bedeutet die Verkündigung des universalen, des „ungebundenen" Christus.

## II

Die hier genannten Aussagen und Überlegungen über Evangelium, Mission und Dialog sollen nun auf einem Hintergrund angewendet werden, wie er uns in *Indien* begegnet. Dies geschieht aus dem Grund, weil ich dazu aufgefordert wurde durch ein Referat, das ich in Nagpur auf einem internationalen theologischen Kongreß gehalten habe. Dieser stand unter dem Motto: Evangelisation – Dialog – Entwicklung.

Die Zuordnung von Evangelium, Mission und Dialog hat für den indischen Kontext bestimmte Erfordernisse. Das liegt in der Universalität, in der allen Menschen, jedem Volk zuteil werdenden guten Nachricht, der guten Botschaft, die Evangelium genannt wird. Und es liegt daran, daß jedes Volk seinen Text hat, der komponiert ist aus den Gaben und Anlagen seines Geistes, aus den Erfahrungen seiner Geschichte, seiner Tradition und Kultur, aus seiner Art und Weise, Welt, Dinge, Menschen und sich selbst zu betrachten und daraus ein praktisches Verhalten zu gewinnen. So gibt es den indischen Kontext, mit dem das Evangelium in der Form des Dialogs verbunden werden muß.

Dazu seien einige Stichworte gegeben.

Der indische Kontext zum Ineinander von Mission und Dialog besteht darin, daß in diesem Text der *Horizont* genannt und artikuliert wird, innerhalb dessen die Botschaft des Evangeliums überhaupt vernehmbar werden und ankommen kann. Es ist der *Kontext der Religion*, der in Indien gleichsam atmosphärisch anwesend und lebendig ist. Im Kontext der Religion weiß der Mensch um seine Verwiesenheit über sich hinaus auf jene Wirklichkeit, die unter vielen Namen das Göttliche genannt wird.

Wo dieser Horizont des Religiösen fehlt, wie im Atheismus aller Prägungen, wie in einer Weltanschauung, die das positiv Gegebene, das empirisch Vorhandene, das Prüf- und Meßbare zur einzigen Wirklichkeit erklärt, die die Welt nur als Objekt und Geschöpf des Menschen kennt und sie immer mehr dazu macht, in einer Auffassung, in der nicht nur das Wort Gott, sondern schon die Frage nach ihm als sinnlos erklärt wird, in der Gott und Göttliches als Leerformeln deklariert werden, ist jede, wie immer lautende Nachricht und Botschaft von Gott ohne Kontext, ohne Ort, ohne Antenne, ohne Erdreich.

Die zuletzt genannten Faktoren bestimmen weithin den gegenwärtigen europäischen und „westlichen" Horizont. Dagegen ist der in der Religion im allgemeinen, in den Gestalten der gelebten und immer noch gegenwärtigen indischen Religion gegebene Kontext als Verwiesenheit des Menschen auf das ihn umgreifende, begründende, über ihn verfügende, ihn unbedingt angehende göttliche Geheimnis, ein unentbehrlicher Kontext für Evangelium und Dialog, die – als Auskunft über Gott – ohne Sinn und Anhalt werden, wenn dieser Horizont weggewischt wird. Das bedeutet nicht, daß alle Äußerungen und Formen indischer Religiosität, vor allem des Hinduismus, zu diesem Kontext gehören müssen. Hier sind Unterscheidungen, Entmythologisierungen, Befreiungen, Enttabuisierungen und Aufklärungen möglich und geboten, desgleichen der unumgängliche Weg der Umkehr, die zur Kenntnis und Anerkenntnis der Gottheit Gottes und des davon Verschiedenen drängt. Dennoch gilt: der in allen Formen der Religionen durchscheinende, wenn auch oft gebrochene religiöse Horizont ist für Evangelium und Mission unverzichtbar.

Die für die indische Religion maßgebliche Offenbarung des Göttlichen in vielen Weisen und Gestalten ist wiederum ein Kontext, der dazu hilft, die in Jesus Christus gegebene geschichtliche Offenbarung verstehbar zu machen.

Ähnliches gilt für die Tatsache des *Gebetes,* das eine Stimme des Glaubens ist und in dem, ob dies ausgesprochen wird oder nicht, ein Wissen um die Ansprechbarkeit, um die Anrufbarkeit des Göttlichen gegeben ist und damit ein Wissen um das, was zur personalen Gottesauffassung gehört, auch wenn aus anderen Gründen geleugnet wird, daß Gott Person sei. Das Gebet in den Artikulationen indischer Religiosität ist nicht ein über-Gott-verfügen-Wollen, sondern ist Hingabe und Bereitschaft, über sich verfügen zu lassen, sich der Souveränität eines heiligen Willens zu beugen. Diese Haltung ist der Antipode jeder Hybris, aber auch jeder Verzweiflung – und beides sind Antipoden des Evangeliums.

Im indischen Denken wird die Frage nach dem *Sinn des Lebens* lebendig erhalten und als Frage gewürdigt, die ungleich bedeutsamer ist als die Fragen nach Zwecken, Nutzen und Funktionen des Menschen. Die Sinnfrage, die auf das Ganze des Daseins bezogen ist, von dem das einzelne getragen und inspiriert wird, ist wiederum ein wichtiger Kontext zum Evangelium als einer Nachricht von Gott und dem Menschen, die eben diesem Ganzen gilt. Was diese Thematik für Mission und Dialog bedeutet, wird erkennbar, wenn man, wie im Westen, um Recht und Würde der Sinnfrage kämpfen muß angesichts eines darauf verächtlich herabsehenden, mit Wissenschaft sich identifizierenden Positivismus alter und neuer Prägung.

Die für das Denken und Leben Indiens gegebene Erfahrung der Vorläufigkeit und Vergänglichkeit des Daseins, die Erfahrung von Schuld, die Sehnsucht nach Erlösung und Befreiung, das nicht verdrängte, sondern zugelassene Wissen um den Tod, die Deutung des Todes als Übergang – ist wiederum ein Zusammenhang, in dem die Botschaft des Evangeliums: die Überwindung des Todes, die Botschaft von der Erlösung, von der neuen Schöpfung, von der Auferstehung, vom ewigen Leben verstanden und angenommen werden kann.

Der indische Kontext, der in bestimmter Hinsicht vom Primat der Praxis geprägt ist, aber diese Praxis, damit sie Orthopraxis sein kann, in der Meditation begründet, läßt das neutestamentliche Wort vom „Tun der Wahrheit“ (Joh 3,21) und von dem daraus entspringenden und dem Tun verdankten Erkennen der Wahrheit verständlich werden. Das in den Religionen Indiens ausgeprägte Wissen um die Wege, die der Mensch in seinem Leben gehen muß, und das Bemühen, den rechten Weg zu gehen, ist die entsprechende Folie zu der Verheißung und dem Anspruch Jesu: „Ich bin der Weg“ (Joh 14,6).

Ebenso ist die für Indien bezeichnende Toleranz, wenn diese als Respekt vor dem einzelnen verstanden wird und als Respekt vor der Freiheit des Glaubens und des Gewissens eine gemeinsame Basis, wie die Vermittlung des Evangeliums in der Form des Dialogs ermöglicht und verwirklicht werden kann.

Kann es – so soll diese Überlegung abgeschlossen sein – einen besseren Kontext zum Evangelium geben als das bekannte Gebet des Hinduismus: „Vom Unwirklichen führe mich zum Wirklichen, aus der Finsternis zum Licht, vom Tod zum Leben“?

Unsere Bestandsaufnahme wäre indessen nicht redlich, wollten wir die *Schwierigkeiten* verschweigen, die vom indischen Denken aus der Mission und dem davon bestimmten Dialog im Wege stehen und die erkennen lassen, daß und wie sehr das Evangelium auch zum *Zeichen des Widerspruchs* werden kann.

Es ist im indischen Kontext, der vom Prinzip der Einheit, aber nicht vom Gesetz des Gegensatzes und des Widerspruchs bestimmt wird, schwierig, die Unterscheidung von Gott, Welt und Mensch und damit die Eigenständigkeit der Welt, die menschliche Verantwortung für sie als dem Menschen anvertraute Welt zu übernehmen. Desgleichen ist es äußerst schwierig, die „Unterscheidung des Christlichen“ zu realisieren, die in der Einmaligkeit, Besonderheit, Unverwechselbarkeit der Person und des Geschicks Jesu Christi beruht, in dem – allein – „ungetrennt und unvermischt“ die Einheit von Gott und Mensch gegeben ist. Es ist dem indischen Kontext schwer, von einem Einzelnen und

Einzigen her das Ganze aller Wirklichkeit zu bestimmen und bestimmt sein zu lassen.

Es ist diesem Kontext schwer einsehbar, wieso eine geschichtliche Person, ein geschichtliches Geschick eine universale Bedeutung soll haben können, die nicht eines, sondern das Ganze gebracht hat, warum das Christliche sich nicht damit bescheiden will, eine Blume im Garten der Religionen zu sein oder – ein anderes Bild – ein See, in dem das gleiche Licht sich spiegelt, wie in den anderen Gewässern, eine der vielen Offenbarungen des Göttlichen, deren Anerkennung keinerlei Schwierigkeiten bereitet, die aber auf Unverständnis und Ablehnung stößt, wenn Maßgeblichkeit, Exklusivität, Unvergleichlichkeit damit verbunden und beansprucht wird.

Es ist noch nicht gelungen, unter den Bedingungen des indischen Kontextes klarzumachen, daß die dem Evangelium eigene dichteste Konkretion in Person und Geschichte Jesu Christi keine Begrenzung und Einschränkung darstellt, sondern Eröffnung von Freiheit, von Universalität bedeutet, daß das Exklusivste zugleich das Universalste sein kann.

Es ist dem indischen Kontext schwer zu vermitteln, aber zugleich ist es eine Frage, die im Namen des Evangeliums gestellt werden muß, daß die ewige Wiederkehr und die Seelenwanderung und das damit verbundene Kastenwesen, daß die zum Fatalismus sich steigernde Ergebenheit Zwänge sind, die den Menschen versklaven, die ihn zur Resignation und zur Passivität führen, die dem Menschen in seiner eigenen personalen Bedeutung nicht gerecht werden, sondern ihn zum Erlöschen zu bringen drohen. Der mit der Mission verbundene Dialog kann nur darin bestehen, daß der *Widerspruch zur Anknüpfung* wird, daß das Evangelium als radikal neue Botschaft erfahren wird, daß die gute Nachricht von Gott und dem Menschen als Freiheit und Befreiung des Menschen von den vielfachen Zwängen vermittelt wird, als Botschaft, die den Menschen in ähnlicher Weise emanzipiert, wie es von den Menschen gesagt wird, die nach dem Zeugnis der Bibel unter der Knechtschaft der Mächte und Gewalten dieser Welt standen.

So ist der indische Kontext in der Form von Anknüpfung und Widerspruch, die sich aus dem das Evangelium vermittelnden Dialog ergibt, trotz aller Schwierigkeiten auch voller Möglichkeiten und Verheißungen. Ihre Lösung braucht Verstehen, Liebe, Geduld, Mut zur Erneuerung, zum Versuch. An Ängstlichkeiten und törichten Rivalitäten wie einst darf dieses neue Wagnis, das im Zeichen von Evangelisation und Dialog steht und beiden treu bleiben muß, nicht scheitern.

Um diese Aufgabe zu lösen, genügt nicht der Rückblick auf das bisher Gewesene und Gewordene. Es bedarf des Vorblicks auf die im Evangelium begründeten Verheißungen, auf die noch nicht ausgeschöpften Möglichkeiten, auf das Neue als einer spezifisch christlichen Kategorie; es bedarf der Theologie der Hoffnung und der Zukunft.

Die Frucht dieses Vorgangs und Prozesses, das Ergebnis der ihm dienenden Bemühungen wird eine Auslegung und Verwirklichung des Evangeliums in einer bisher noch nicht erbrachten Katholizität und Pluralität sein, die Ausdruck von lebendiger Einheit ist, einer Einheit, in Vielfalt gegliedert, einer Vielheit, in Einheit versammelt. So hat es Nikolaus von Cues am Vorabend der Neuzeit gesehen in seiner Schrift: „Über den Frieden des Glaubens" (De pace fidei), der es zu Recht als Mißverständnis und Schuld bezeichnet, im Namen des Glaubens Kriege zu führen und zu töten und der darauf verwies, daß der Glaube Grund und Quelle des Friedens in der Welt und unter den Menschen sein müsse. Was der Cusaner schaute und dachte, war damals noch nicht Ereignis, sonst wäre die Spaltung der Christenheit, das größte Hindernis der Mission und des Dialogs, nicht gekommen.

Die Vision des großen Theologen hat vielleicht mehr Chancen, erfüllt zu werden, insofern, als wir in der lebendigen Kommunikation mit der ganzen Welt, mit der Menschheit und ihren Religionen stehen. Sie hat aber nur Chance in einer erneuerten Kirche Jesu Christi. Und diese hat ihrerseits nur dann den vollen Anspruch auf Erneuerung, wenn die Spaltungen innerhalb der Christenheit überwunden werden, wenn die Differenzen aufhören, Element feindseliger Spaltung zu sein, und beginnen, Träger einer legitimen, die Einheit und die Katholizität in gleicher Weise repräsentierenden Pluralität zu werden.

# Glaubensinformation

Ladislaus Boros
Geborgene Existenz
Band 512 · · 128 Seiten

Walter Nigg
Die Heiligen kommen wieder
Band 468 · 160 Seiten, 3. Aufl.

Karl Rahner
Chancen des Glaubens
Band 389 · · 256 Seiten, 2. Aufl.

Was bleibt von der Bibel?
Herausgegeben von Waldemar Immel
Band 484 · · 192 Seiten

Helmut Thielicke
Theologisches Denken
und verunsicherter Glaube
Band 506 · 128 Seiten

# in der Herderbücherei